改訂版 名作住宅で学ぶ
建築製図

【編著】藤木庸介 Yosuke FUJIKI

【著】中村　潔・林田大作・村辻水音・山田細香
Kiyoshi NAKAMURA / Daisaku HAYASHIDA / Mine MURATSUJI / Hosoka YAMADA

撮影：村井修

学芸出版社

はじめに

　本書は『名作住宅で学ぶ建築製図』（初版 2008 年、第 9 刷 2018 年）に、吉阪隆正設計による「浦邸」の図面・資料を追加した増補改訂版です。「浦邸」は初版より掲載したヴィラ・クゥクゥとほぼ同時期に設計された吉阪を代表する RC 造住宅であり、相互に比較しながら製図実習を行ってみるとよいでしょう。

　建築設計を行なうには、まず、製図板の前を離れ、求める空間のイメージを十分に想像してみることが大切です。また、空間のイメージについてスケッチを描いてみたり、スタディー模型を作ってみたりするのもよいでしょう。建築は、このような思考を経てはじめて創出されるのであり、建築設計の苦楽は、まさにここにあると言って過言ではありません。しかし、このようにして創出された空間のイメージは、当然のことながら、このままでは建築にはなり得ません。この際、空間のイメージを建築として形に表し、さらには他者に伝達をするための手段が必要です。そこで「設計図」が、意味を持つこととなるのです。

　重複になりますが、設計図の目的は具体的な建築の構成要素を表記して伝達することにあります。しかし一方で、設計図からは設計者の建築思想や設計の試行錯誤さえも読み取ることが可能です。本書では、日本の近代以降における名作住宅を取り上げ、これによって製図の基礎を学べるように工夫しています。これから建築製図を学ぼうとする学生諸君においては、各建築家がこれらの設計図に意図した空間構成を注意深く理解してイメージし、さらには根気強く、そして確実に実習を行うことが大切です。

　なお、今日における建築設計の実務では、CAD を使用して製図を行なうことが主流となりました。しかし CAD は、コンピュータを使用した便宜的な製図ツールの一つに過ぎません。ですから、まずは自らの手によって、しっかりと製図の基礎や技術を修得し、CAD はこの後において活用するのがよいでしょう。

　本書に取り上げた設計図の詳細は、必ずしも各事例が実際につくられた状態に一致するとは限りません。これは、オリジナル資料の入手が困難であったのに加え、既に現存していないものもあり、様々な理由から不明点の確認ができなかったことによります。ただし、本書は建築を学び始めたばかりの学生諸君に対して、建築製図をわかりやすく解説することに第一の目的を置いています。このことから、これらの相違に関する更なる追求は行わないこととし、オリジナル図面を尊重した上で、適宜、加筆・調整を行っています。

　本書をまとめるにあたって、故・広瀬鎌二先生をはじめ、前川建築設計事務所、U 研究室、吉村設計事務所、京都工芸繊維大学の松隈洋先生、東京工業大学の奥山信一先生、ならびにサイト一級建築士事務所の齊藤祐子さんには、資料の提供やその使用に快くご同意を賜わりました。また、学芸出版社の知念靖廣氏には、本書の企画段階から適切なご助言とご尽力を頂きました。心よりお礼を申し上げます。

編者　藤木庸介

contents

●掲載している作品の図面は、すべて、雑誌・書籍等に公開されたもの、あるいは建
　築設計事務所提供の情報をもとに、CADで起こしなおししたものです。

●本書は、1942年〜1966年に竣工した作品をもとに構成されています。したがって、
　現代の法規制・施工とは異なる部分が含まれておりますことをご了承ください。

●掲載作品（とくに詳細）は、必ずしも実際につくられた状態とは一致しません。本
　書では、設計当初の建築家の意図を適宜判断しながら、現代の学生が学びやすいこ
　とを第一の目的として編集をしています。

●掲載作品は、「SH-1」を除き、すべて現存しておりますが、住宅という性質上、見
　学等はご遠慮ください。なお、「前川國男自邸」は、「江戸東京たてもの園」（東京
　都小金井市）に移築され、現在一般公開されています。

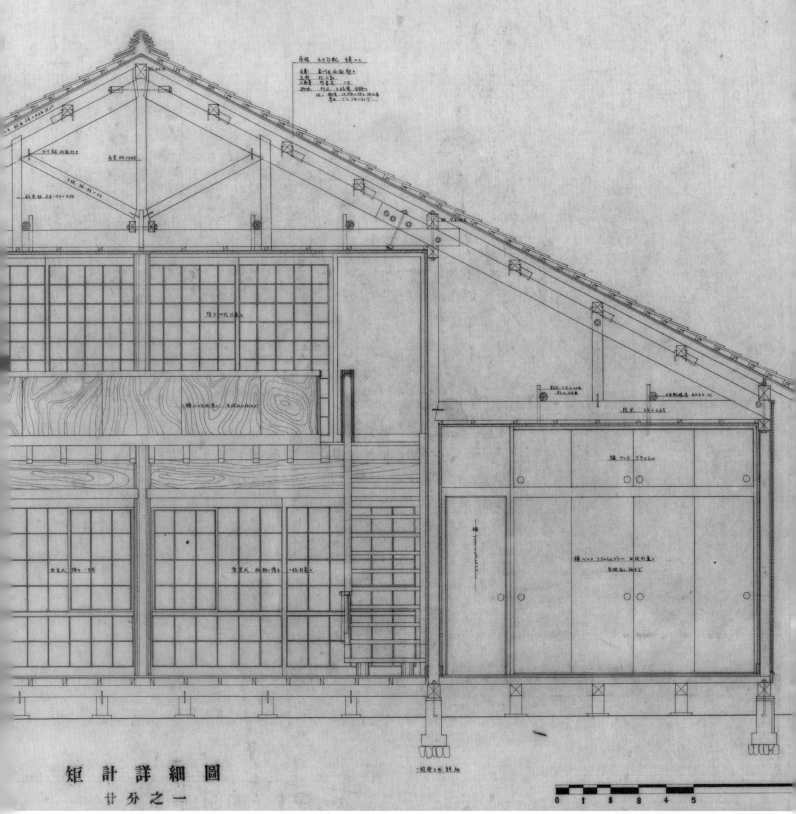

矩 計 詳 細 圖

廿分之一

提供：前川建築設計事務所

basic study

建 築 製 図 の

基　　　　　本

製図のルール

設計図は、各建築家によってその描き方に特有の差異があり、それが各建築家の個性であるとも言えます。しかし、原則は明確に統一されており、その目的は、他者に対してわかりやすく、そして情報を確実に伝達することにあります。ここでは、製図における基本的なルールを順を追って解説します。

◉用紙

用紙は原則としてA判の長辺方向を水平にして使用（ヨコ使い）し、一般にA1・A2・A3の用紙を、それぞれ設計する建築の規模に合わせて使い分けます。なお、各用紙のサイズについては**図1**に示しました。

用紙の右下には、**図2**に示したような表題欄を設け、設計図の名称や縮尺等を記入します。また、特に矩計図等を製図する際には、用紙はそのままに、図の向きを反時計回りに90回転させて表記することもありますが、この場合においても、表記欄の位置は統一して長辺方向を水平にした用紙の右下に記入します。なお、本書では便宜上、A3用紙に納まる範囲において各図の表記を行っていますが、諸君が製図の実習を行う際には、A2用紙を使用してもよいでしょう。

用紙の紙質について、かつては美濃紙などの薄い和紙を使用していましたが、現在ではトレーシングペーパーを使用するのが一般的です。これは、実務において、感光紙の上に製図した

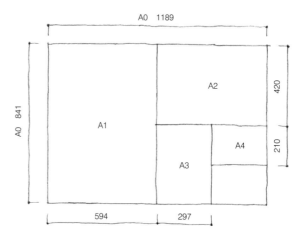

図1　A判系列のサイズ
A1はコクシ・ヤヨイ（594mm×841mm）と語呂合わせで覚える。A2はA1の半分の大きさであり、A3は更に半分の大きさ。因みにB1はナニワ（の）・トーサン（728mm×1030mm）。

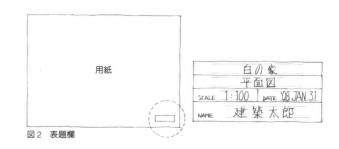

図2　表題欄

原図を載せ、その上から光を投射して設計図を複製する、通称「青焼き図面」を作成する必要があるからです。ただし、トレーシングペーパーを使用してきれいに製図を行うには、継続した修練が必要です。実習の状況によっては、ケント紙や上質紙等を使用してもよいでしょう。

線の種類		用途による名称
極太の実線	————	（輪かく線）・断面線
太い実線	————	外形線
細い実線	————	寸法線・寸法補助線・引出し線・回転断面線・水準面線・中心線（簡略な図示）
細い破線 または 太い破線	- - - - - - -	かくれ線
細い一点鎖線	—‐—‐—‐—	中心線・基準線・ピッチ線・切断線
太い一点鎖線	—‐—‐—‐—	特殊指定線・基準線（強調する場合）・境界線
細い二点鎖線	—‐‐—‐‐—	想像線・重心線
不規則な波形の細い実線 または ジグザグ線	～～	破断線
細い一点鎖線で、端部および方向の変わる部分を太くしたもの		切断線
細い実線で、規則的に並べたもの	/////	ハッチング

図3　線の種類

●線

　線の種類には実線や破線、一点鎖線等があり、また、これらの太さも、表記するものや目的によって使い分けられます。これらの凡例については**図3**にまとめました。注意すべき点として、「細い線＝薄い線」と解されることがありますが、これは誤りです。細い線もしっかりと濃く、また断面線などの太い線においては、ことさらに濃く表記することを心がけましょう。

●文字

　製図における文字は、第一にわかりやすく表記することが大切です。このことから、必ずしも書道などで書くような上手な文字が求められるわけではありません。多少は機械的な文字になったとしても、大きさを揃えてはっきりと表記することを心がけましょう。文字を書く際には、**図4**に示すように上下に補助線を薄く引き、これをガイドにして文字の大きさを揃えるとよいでしょう。なお、文字の大きさについて、図面タイトルなどは5mm程度、室名や寸法などは3mm程度とすることが一般的です。また、これよりも小さな文字での表記は避けるようにします。文字の向きについては、用紙に対して左から右へ横書きで表記することを原則としますが、図の向きによっては、下から上へ横書きで表記することもあります。

●尺度

　尺度とは、実際の大きさを1とした場合に、設計図に表記された大きさの比率を表すもので、現尺・倍尺・縮尺があります。現尺は、実物に対して1：1の尺度にて表記したもので、原寸と称すこともあります。倍尺は、実物よりも大きな尺度にて表記したもので、精密機械の詳細図などに使用されますが、建築の設計図で多用するものではありません。縮尺は、実物よりも小さな尺度にて表記したもので、建築の設計図において主要な尺度と言えます。なお、本書では各図における適切な縮尺を**図5**に示しましたので参考にして下さい。

●寸法

　寸法とは、実物の具体的な大きさを示すもので、ミリメートルの単位を用い、単位記号は表記しないことを原則とします。稀にミリメートル以外の単位を用いる場合がありますが、その際にはcmやmといった単位記号を付記し、原則に対して区別を行う必要があります。寸法の表記において、数値の桁数が多い場合には、3桁ごとに半角程度の間隔を設けて読みやすくしますが、カンマの付記は小数点以下の数値に誤認する可能性のあることから、原則として用いません。また、寸法数値は寸法

図4　文字の描き方

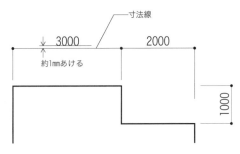

図5　適切な縮尺

尺度	図面の種類
1/1、　1/2	部分詳細図・現寸図など
1/5、　1/10、　1/20、　(1/30)	矩計図・各部詳細図など
1/50、　1/100、　1/200、　(1/300)	配置図・平面図など
1/500、　1/1000、　1/2000	大規模な敷地の配置図など

図6　寸法線の描き方

線の上に書くことを原則とし、寸法線から約1mm程度の間をあけて表記するとよいでしょう。寸法数値を表記する際の文字の向きについては、用紙に対して左から右へ横書きで表記するか、または、下から上へ横書きで表記することを原則とします。以上の表記のしかたについては**図6**を参照して下さい。

●通り芯

　設計図では、各図における位置的な整合性を明記する必要から、**図7**に示すような「通り芯」と称する基準線を用います。通り芯は一点鎖線を原則とし、一端または両端に円を付けて、その中央に数字やアルファベット、またはそれらを複合させた基準記号を表記します。基準記号は、原則として縮尺が1：50程度以上の設計図において必須であり、縮尺が1：100程度以下の図面においても、可能な限りこれを付記します。寸法線は、原則として通り芯を起点にし、その交点に黒丸を付けて各寸法を表記するようにします。

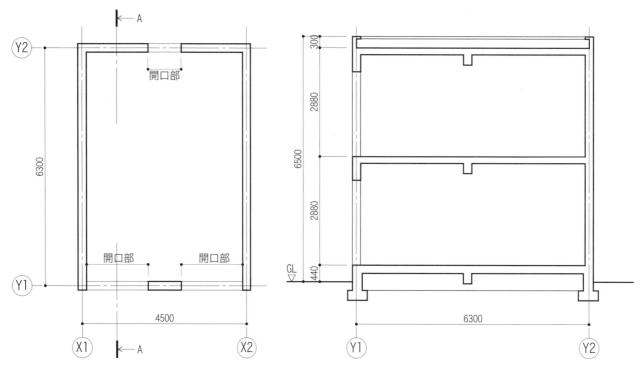

図7 通り芯

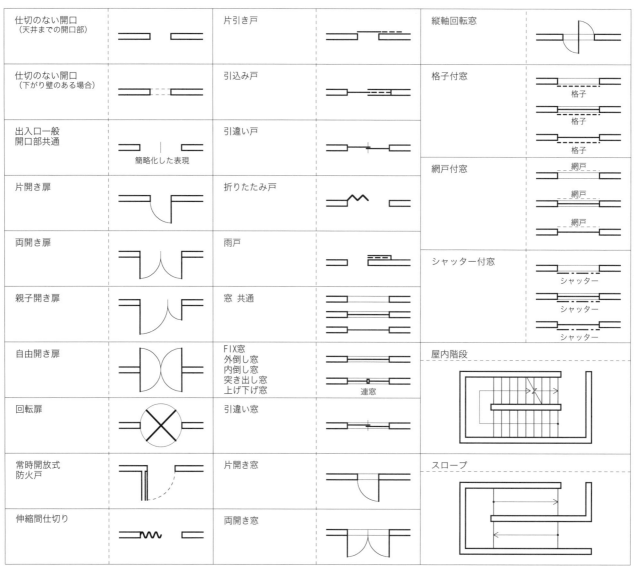

図9 表示記号

●勾配

　勾配は、スロープや屋根の傾斜を示す場合などに用いられるもので、表記としては**図8**に示したものが一般的です。

●表示記号

　表示記号は、設計図において各部の形状や素材を表記するためのものです。一般に、縮尺が1：100や1：200の平面図などでは、各部の形状を表記するものとして、**図9**に示した表示記号を使用します。また、縮尺が1：50以上の平面詳細図や矩計図においては、各部の素材を示すものとして、**図10**に示した表示記号を使用します。また、これらの表示記号にないものは、尺度に応じて適宜、実際の形状を表記します。

図8　勾配

縮尺程度別による区分／表示事項	縮尺1:100または1:200程度の場合	縮尺1:20または1:50程度の場合（縮尺1:100または1:200程度の場合でも用いてよい）	現寸及び縮尺1:2または1:5程度の場合（縮尺1:20, 1:50, 1:100または1:200程度の場合でも用いてよい）
壁一般			
コンクリートおよび鉄筋コンクリート			
軽量壁一般			
普通ブロック壁			実形を描いて材料名を記入する
軽量ブロック壁			
鉄骨			
木材および木造壁	真壁造 管柱 間柱 通し柱／真壁造 管柱 片ふた柱 通し柱／大壁造 管柱 間柱 通し柱（柱を区別しない場合）	化粧材／構造材／補助構造材	化粧材 年輪または木目を記入する／構造材／補助構造材／合板
地盤			

縮尺程度別による区分／表示事項	縮尺1:100または1:200程度の場合	縮尺1:20または1:50程度の場合（縮尺1:100または1:200程度の場合でも用いてよい）	現寸及び縮尺1:2または1:5程度の場合（縮尺1:20, 1:50, 1:100または1:200程度の場合でも用いてよい）
割石			
砂利・砂		材料名を記入する	
石材または擬石		石材名または擬石名を記入する	石材名または擬石名を記入する
左官仕上		材料名および仕上の種類を記入する	材料名および仕上の種類を記入する
畳			
保温・吸音材		材料名を記入する	材料名を記入する
網		材料名を記入する	メタルラスの場合／ワイヤラスの場合／リブラスの場合
板ガラス			
タイルまたはテラコッタ		材料名を記入する／材料名を記入する	
その他の部材		輪郭を描いて材料名を記入する	輪郭または実形を描いて材料名を記入する

図10　表示記号

製図用具と使い方

製図を行う際に用いる製図用具には様々な種類があります。今日の建築設計実務における製図は、多くの場合で CAD を使用するようになり、複数の製図用具を併用した高度な製図を行うことは少なくなりました。しかし建築製図の基礎は、やはり手描きによる製図にあり、基本的な製図用具を使いこなせるようになることは必須です。ここでは、本書で取り上げた各図を手描きにて製図するために必要な、基礎的な製図用具とその使い方について解説します（注：解説は、右手で描く場合を例にしています）。

◉製図板

製図板には材質や大きさなど、様々なものがあり、製図機器が一体となったものもあります。各自が製図する環境に合わせて、適切なものを選択するとよいでしょう。なお、建築士試験では A2 サイズの製図板を使用するように指示されていますが、諸君が製図の実習を行う際には、B1 サイズなどの、少し大きめのものを使用すると汎用もできて便利です（注：A 判・B 判の各サイズについては、p.6 **図1** を参照のこと）。

◉用紙のはり方

用紙は T 定規や平行定規のエッジを使用して、製図板と平行になるように正確に載せ、四隅をドラフティングテープで固定します。この時、ドラフティングテープは、**図11** に示したように、用紙に対して放射状に貼ると、用紙の固定が緩んだ際の修正が容易です。マグネット式の製図板では、専用のプレートを使用して用紙を固定することもできます。なお、トレーシングペーパーや上質紙のような薄い紙に製図を行う場合には、まず製図板の上にボール紙や厚めのケント紙を固定して下敷きにし、その上にトレーシングペーパーを先の要領で固定するとよいでしょう（**図12**）。

◉筆記用具

かつての製図は鉛筆を使用して行っていましたが、現在ではホルダーやシャープペンシル（**図13**）を使用するのが一般的です。ホルダーは通常、製図用として市販されていますが、シャープペンシルには様々なものがあります。シャープペンシルを使用する際には、必ず製図用として市販されているものを使用しましょう。

ホルダーとシャープペンシルは、好みによってその選択が分

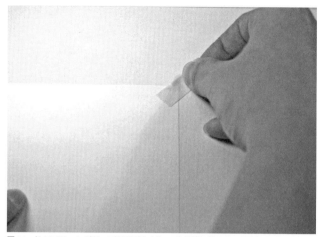

図11　ドラフティングテープは用紙に対して放射状に貼ると、用紙の固定が緩んだ際の修正が容易。

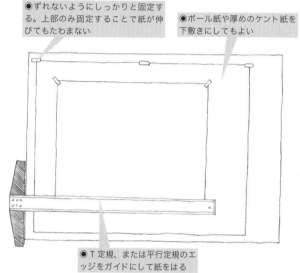

●ずれないようにしっかりと固定する。上部のみ固定することで紙が伸びてもたわまない

●ボール紙や厚めのケント紙を下敷きにしてもよい

●T 定規、または平行定規のエッジをガイドにして紙をはる

図12　製図板のセットのしかた

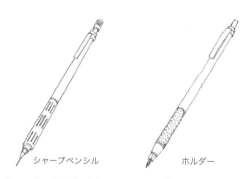

シャープペンシル　　　　ホルダー

図13　シャープペンシルは、主に 0.5mm のものを使用し、0.3mm や 0.7mm を併用すると良い。

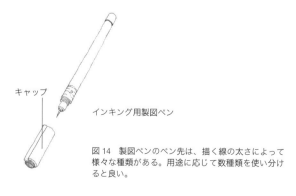

キャップ　　　　　インキング用製図ペン

図14　製図ペンのペン先は、描く線の太さによって様々な種類がある。用途に応じて数種類を使い分けると良い。

かれるところです。ホルダーは芯研器でこまめに芯の先を整えてやる必要がありますが、これ一本で強弱のある線を引くことができ、幅広い使用が可能です。シャープペンシルは、芯研器で芯の先を整えてやる必要がなく便利ですが、芯が折れやすく、一本の使用だけでは線に強弱が付けにくいといった難点もあります。シャープペンシルを使用する際には、主に0.5mmのものを使用し、0.3mmや0.7mmなどを併用するとよいでしょう。また使用する芯は、ホルダー、シャープペンシル共に、HBから2B程度を各自の筆圧に応じて選択します。

インキングを行う場合には専用の製図ペン（**図14**）を使用しますが、CADの普及によって、最近ではほとんど使用されなくなりました。ただし、製図ペンでインキングされた設計図には独特の雰囲気があり、図面表現を重んじる場合には現在でも使用されることがあります。

●消しゴム

ホルダーやシャープペンシルを使用する場合の消しゴムには、プラスチック消しゴムや練りゴムを使用します（**図15**）。細部を消す場合には、字消し板（**図16**）を併用し、必要最低限の部分だけを消すようにします。プラスチック消しゴムには、ペン型や電動式のものもあり（**図17**）、細かな作業を行う際に適しています。なお、プラスチック消しゴムの消しかすは、製図用ブラシや羽根ぼうき（**図18**）で払うようにし、息を吹きかけたり、手で払ったりすると、図面を汚す原因になるので注意しましょう。練りゴムは消しかすが出ないので、図面を汚しにくいといった特徴がありますが、消し残しができやすいため、確実に消すように注意しましょう。

製図ペンでインキングを行った場合には、インキング専用消しゴムや砂消しゴム（**図19**）を使用します。ただし、インキング専用消しゴムはトレーシングペーパーや、製図用フィルムにインキングを行った場合にのみ有効であり、ケント紙などにインキングを行った場合には、砂消しゴムを使用します。また各用紙共に、カミソリやカッターナイフなど薄手の刃物の先で、かき取るようにして消す方法もありますが、これをきれいに行うには修練が必要です。いずれにしても、インキングをする際には細心の注意を払い、間違えないようにすることが上手に製図を行うコツと言えます。

●字消し板の使い方

字消し板（**図16**）は間違えた部分を消す時に、消しゴムと併用して使用します。これから消そうとする箇所に、字消し板にくり貫かれた適当な大きさの穴をあて、これを押さえて上から

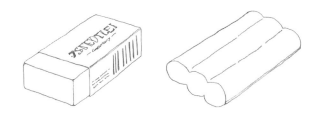

図15　プラスチック消しゴムと練りゴム

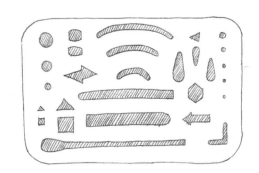

図16　字消し板

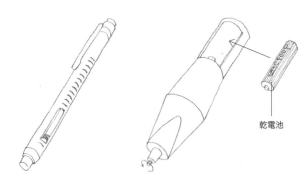

乾電池

図17　ペン型プラスチック消しゴムと電動式プラスチック消しゴム

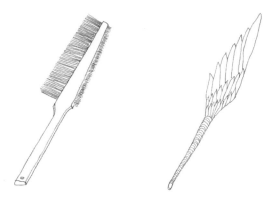

図18　製図用ブラシと羽根ぼうき

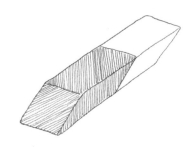

図19　砂消しゴム

消しゴムで消すようにします（**図20**）。

● T 定規・平行定規

T 定規と平行定規は共に、水平線を引いたり、これをガイドにして勾配定規などを使用するための、最も基本的な定規と言えます。T 定規は製図板の側面に掛かりを付けて、水平線を平行に引くことができるようにした定規（**図21**）であり、平行定規はワイヤーやレールを定規の両端に渡し、これにそって定規が上下に平行移動するもの（**図22**）を言います。T 定規を使用する際には、製図板と同サイズか、少し小さめのものを使用するとよいでしょう。また各定規のエッジは、透明なものを使用すると線が確認しやすくて便利です。

● T 定規・平行定規の使い方

T 定規は掛かりの部分を製図板の側面に押さえつけるようにして、しっかりと据えて使用します。T 定規、平行定規共に、上下に移動を行う際は少し持ち上げて図面から離し、図面を定規で擦らないようにすることが、図面を汚さずに製図を行うコツです。

● 勾配定規

T 定規や平行定規に併用して使用し（**図23**）、垂直線をはじめとする様々な角度の線を引くことができる基本的な定規の一つです（**図24**）。大きさは各種あり、目的に応じてそれぞれを使い分けるとよいでしょう。また勾配定規のエッジには、角度を付けたものやインキングに対応するもの（**図25**）もあり、使用する用途によってこれらを選択するようにします。なお、限られた角度のみを使用して製図を行う場合には、勾配定規の代わりに三角定規を使用することもできます。

図20 字消し板は左手の指に力を入れて、しっかり押さえる。

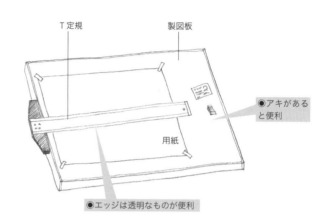

図21 T定規を使用した製図板

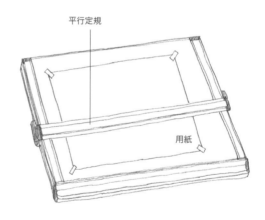

図22 平行定規付き製図板

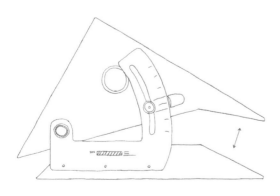

図24 勾配定規

図23 勾配定規のガイドとなるT定規がずれない様に、左手をT定規に添えておく。

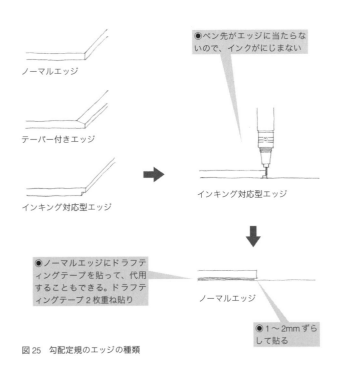

ノーマルエッジ

テーパー付きエッジ

インキング対応型エッジ

●ペン先がエッジに当たらないので、インクがにじまない

インキング対応型エッジ

●ノーマルエッジにドラフティングテープを貼って、代用することもできる。ドラフティングテープ2枚重ね貼り

ノーマルエッジ

●1～2mmずらして貼る

図25 勾配定規のエッジの種類

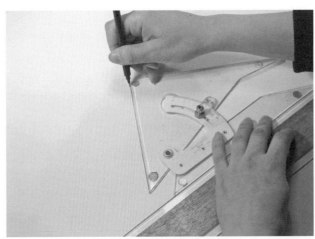

図26 ペン先をエッジに対してできるだけ直角にあてる。

●勾配定規の使い方

勾配定規は、T定規または平行定規の上部に載せるようにして使用します。この際、勾配定規とT定規または平行定規のそれぞれのエッジが、しっかりと密着するようにしましょう（**図26**）。角度を設定する際には、勾配定規中央のつまみを緩め、適切な角度に設定して使用します（**図27**）。

●三角スケール

今日における建築製図では、一般に6種類の縮尺が付くメートル法の三角スケールを使用します（**図28**）。三角スケールには、建築用や土地家屋用などの種類があり、建築製図を行う際には建築用を選ぶようにします。三角スケールの長さは30cmと15cmのものが一般的ですが、数cm程度の小さなものもあり、用途に応じて使い分けるとよいでしょう。かつては尺貫法の竹物差しを使用し、各縮尺はそれぞれ計算によって算出していたことから、古い設計図を読む際には、これらに関する知識を得ておくことも必要でしょう。

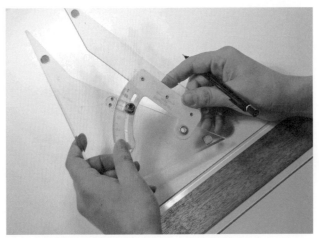

図27 角度の設定のしかた

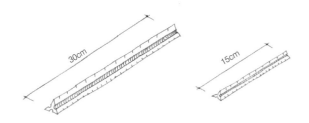

30cm

15cm

図28 三角スケール

●三角スケールの使い方

三角スケールは、適切な縮尺の目盛りを上にして置き、寸法をとります（**図29**）。寸法をとる際には、誤差が生じないように真上から目盛りを見るようにしましょう。また、1：2や1：20といった目盛りにない縮尺を計る場合には、1：200の目盛りを使用して代替します。

図29 誤差が生じないよう、真上から目盛りを見る。

◉円テンプレートとコンパス

　建築の製図では、1mmから数十mmまでの径の円は、円テンプレート（**図30**）で、それ以上の大きさの円はコンパス（**図31**）で描きます。円テンプレートには通常の製図用のものと、インキング用のものがあります。インキング用には、製図ペンのペン先に合わせて少し円の径が大きく取られているものもあり、ホルダーやシャープペンシルで正確な径の円を描くためには、通常の製図用のものを選ぶようにします。またこれは、四角テンプレートなど、他の図形テンプレートを使用する際にも同様です。コンパスで円を描く際には、コンパスの針の先で図面を傷めないように、中心器（**図33**）を使用するとよいでしょう。コンパスで描けない大きな円弧は、ビームコンパス（**図34**）や鉄道定規（**図35**）を使用します。

◉テンプレートの使い方

　円テンプレートなどの図形テンプレートは、これから描こうとする図形の中心を、テンプレートに表記された図形の中心を示すガイドラインにしっかり合わせ（**図36**）、ホルダーなどのペン先を垂直に立てて、ペンを回転させながら描きます（**図37**）。文字テンプレートは、これから書こうとする文字の位置と、テンプレートのガイドラインをしっかり合わせるところまでは、図形テンプレートの使用要領と同じです。ただし、文字テンプレートを使用する際には、ホルダーなどのペン先をあまり細く研がずに、少し丸みがある程度に整えて、ペンに回転を付けずに力強く描くようにします。テンプレートで図形や文字を上手に描くには一定の修練が必要です。何回か練習を行ってから、製図に活用するとよいでしょう。

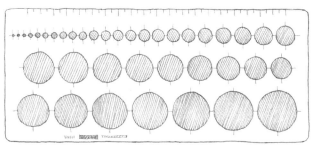

図30　円テンプレート

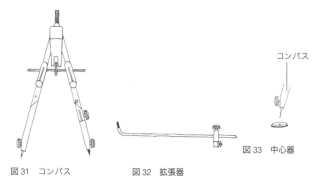

図31　コンパス　　　　　図32　拡張器

コンパス

図33　中心器

図34　ビームコンパス

図35　鉄道定規

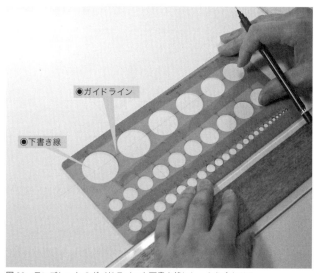

●ガイドライン

●下書き線

図36　テンプレートのガイドラインを下書き線にしっかり合わせる。

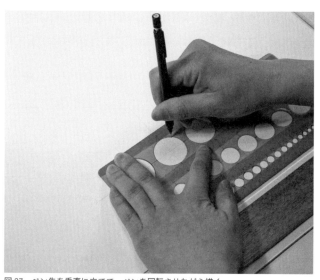

図37　ペン先を垂直に立てて、ペンを回転させながら描く。

図38　円の半径は、必ず紙面に描き出してコンパスを合わせる。

図39　これはダメ！　三角スケールから直接寸法を取ると、正確な円が描けない！

●コンパスの使い方

　コンパスを使用する際には、まず、これから描こうとする円の半径とコンパスの開き幅を正確に合わせる必要があります。半径の合わせ方は、三角スケールを使用して紙の上に半径を描き出し、それにコンパスの開き幅を合わせます（**図38**）。コンパスを三角スケールに直接当てて寸法を合わせる（**図39**）と、実際に描き出した時の寸法が狂う恐れがあるので、注意しましょう。円を描く際には、円の中心にコンパスの針を据え、なるべく一息にコンパスを回転させることが上手に円を描くコツです。また拡張器の取り付けが行えるコンパスもあり（**図40**）、大きな円を描く際に用います。

●その他の定規

　以上に述べた定規以外にも、自由な曲線を描くための雲形定規（**図41**）や自在定規（**図42**）などがあります。また、数字やアルファベットの他、一般的な家具や衛生機器の型をテンプレートにした定規（**図43**）もあり、それぞれの目的に応じて選択し、活用するとよいでしょう。

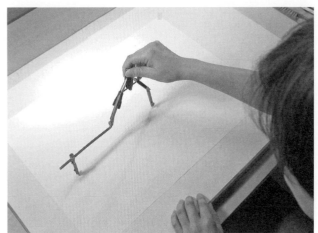

図40　拡張器を取り付けたコンパスで円を描く。

図41　雲形定規

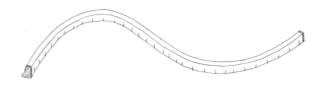

図42　自在定規

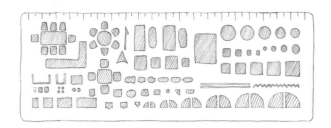

図43　テンプレート

線の引き方

　線は「引く」と書くことが示すように、筆記用具を押して描くのではなく、引いて描くことが原則です。つまり右利きの人の場合、水平線は必ず左から右へ、垂直線は下から上へ向かって引くようにしましょう（**図44**）。なお、線を引く際の定規の位置は、必ず筆記用具の下にあてがうようにします（**図45**）。また、線は太さを常に均一に引く必要があります。このためには、芯の減りを一定に保つように筆記用具を回転させながら引くようにします（**図46**）。

　線と線が交わる箇所において、特にコーナー部分では、線と線が確実に接していることが大切です（**図47**）。また、破線や鎖線、または円と直線がそれぞれ交わる部分においても、同様の注意が必要です（**図48**）。

図44a　親指と筆記用具の位置に注目！

図44b　親指の腹をはわせる様に、筆記用具を回転させる。

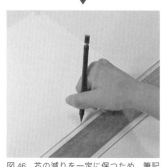

図46　芯の減りを一定に保つため、筆記用具を回転させる。

図44c　筆記用具を右回りに回転させながら描いているので、親指と筆記用具の位置が変化している。

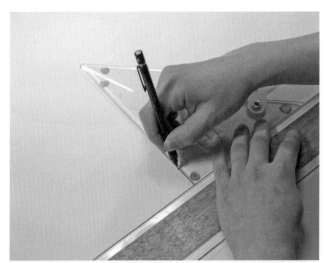

図 45a　垂直線は下から上に向かって引く。

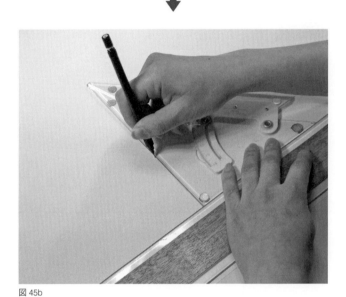

図 45b

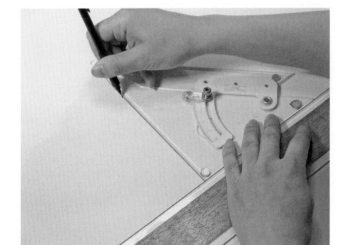

図 45c　水平線と同様に、筆記用具を回転させているので、親指と筆記用具の位置が変化している。

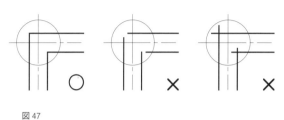

図 47

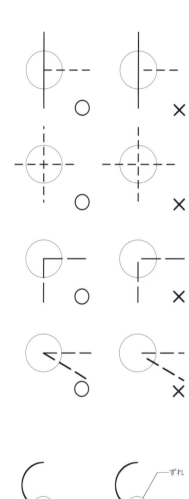

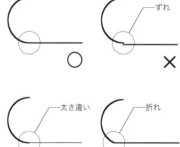

図 48

線の練習

　線の練習を行うにあたり、まずは失敗を恐れず、長い線を紙いっぱいに何本も引いてみます。紙が真っ黒になるまで、様々な方向に対して均一な線が引けるように、何回も練習するとよいでしょう。

　均一な線が引けるようになったら、次は1辺が200mmの正方形の中に、1mm方眼を作成してみましょう。この際、**図49**に示したように、100mm、50mm、10mm、1mmの各単位毎に、線に強弱を付けるようにします。最後に、200mmの正方形の4角を結ぶ対角線を引き、中心から半径100mmの円を描きます。すべての交点が正角に交わっていれば、製図を行う準備は概ね整ったと言えるでしょう。

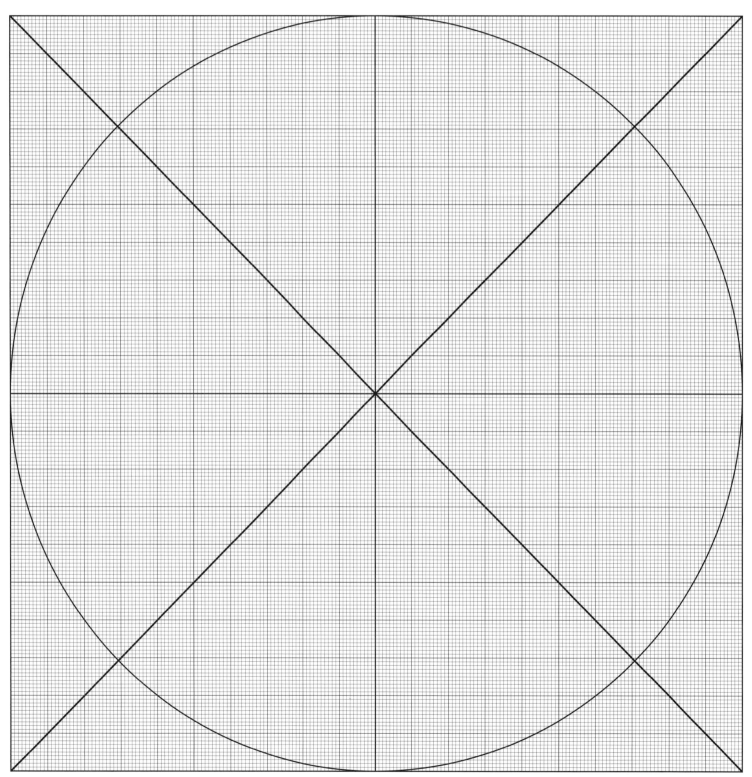

図49　線の強弱を使い分けて描く。

表現のコツ

　製図の実習を一通り行った後には、各自による建築設計とそのプレゼンテーション図面の作成に移行します。ここでは、平面図や断面図といった建築物を平面的に図示する方法以外の主な表現方法のいくつかを、簡潔に紹介してみたいと思います。

◉パースペクティブ

　パースペクティブ（perspective）は奥行きに角度を付けて表現する「投射投影図法」を総称し、略して「パース」と呼ぶこともあります。投射投影図法には、1点透視投影図法、2点透視投影図法、3点透視投影図法の3種類があり、これらは建築物を立体的に表現できることから、プレゼンテーションに活用できるだけでなく、設計した建築物の立体的な構成を自身において確認する際にも便利です。本書では、パースペクティブの正確な作図方法ついて詳しく解説することは割愛しますが、原理を理解しておくと、スケッチやプレゼンテーションを行う際に使用できて便利です。

　各透視投影図法では、目線の高さを示す基準線を水平方向に設け、この線上に「消失点（V）」と呼ばれる奥行きが収束する点を設定します。1点透視投影図法（**図50**）は消失点を1点のみ設定した図法で、インテリアの表記等に適しています。2点透視投影図法（**図51**）は消失点を2点設定した図法で、建築物の内観・外観共に、幅広く応用ができます。3点透視投影図法（**図52**）は水平方向の基準線上とは別に、垂直方向にも基準線を設け、この線上に3点目の消失点を設定した図法です。この図法では、垂直方向にも奥行きの表現ができることから、高層建築物等、高さを強調したい表記に適していると言えるでしょう。

　各透視投影図法における奥行き方向の面を分割する方法について解説します（**図53**）。まずは、分割したい面の両端の辺を消失点から延長し、この間を適宜分割したら、それぞれの点を消失点と結びます。次に、分割したい面に対して対角線を引き、この線と先に引いた線との交点をガイドに垂直線を引きます。

◉アイソメトリックとアクソノメトリック

　アイソメトリック（isometric）とアクソノメトリック（axonometric）は、奥行きを平行線で表現する「平行投影図法」に分類される図法です。アイソメトリックは「軸測投影図法」の一つを指し、またアクソノメトリックは「投射投影図法」の一つを指します。また、アイソメトリックとアクソノメトリック共に「アイソメ」、「アクソメ」と略して呼ぶことがあります。

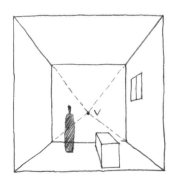

図50　1点透視

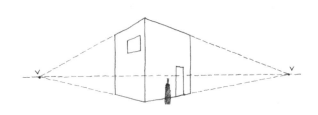

図51　2点透視

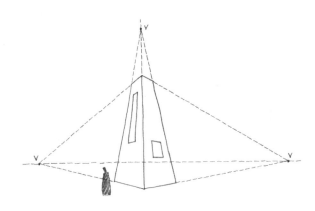

図52　3点透視

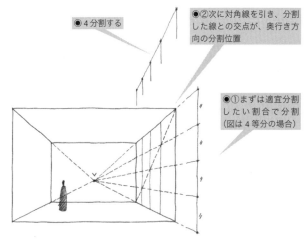

●④分割する

●②次に対角線を引き、分割した線との交点が、奥行き方向の分割位置

●①まずは適宜分割したい割合で分割（図は4等分の場合）

図53　奥行き方向の面を分割する方法

パースペクティブと同様に、建築物を立体的に表現できる上、初心者でも比較的簡単に作図することができます。

　アイソメトリックは「等角投影図法」と言い、見た目に自然な表現になるのが特徴です。寸法の表記も可能であることから、汎用性の高い図法と言えます。作図方法は、水平線と垂直線を描き、この交点から左右にそれぞれ30°の線を引きます。この30°の線に奥行きを、垂直線には高さをとり、それぞれを繋いで作図します（**図54**）。

　アクソノメトリックは「平面斜投影図法」と言い、平面図の形状がそのまま表現に反映されるのが特徴です。アイソメトリックと同様に、寸法の表記もできます。作図方法は、水平線と垂直線を描き、この交点から左右のどちらかに30°の線を、もう片側に60°の線を引きます。これらの線は左右が入れ替わっても構いません。30°と60°の線にそれぞれ奥行きを、垂直線には高さをとり、それぞれを繋いで作図します（**図55**）。

　この他にも「カバリエ投影図法」（**図56**）、「キャビネット投影図法」（**図57**）などがあり、適宜用途に合わせて使用するとよいでしょう。

◉ダイアグラム／コラージュ

　ダイアグラム（diagram）は、直訳すると図表ですが、ここでは図表化された建築の表現を総称します。人の動きや陽光の向きを矢印等を使用して図面に描き込んだり、建築物における各機能を図式化して表記する際に有効な表現と言えます。また、コラージュは（collage）は、厳密には近代絵画の技法の一つで、写真や印刷物の切り抜きを貼り付けた表現を総称します。パースペクティブ等に人や車の写真を貼り込むことで、独特の臨場感やスケール感を得ることができます（**図58**）。

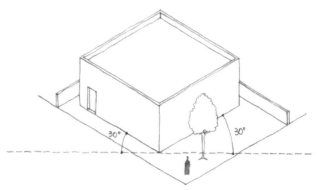

図54　等角投影図法

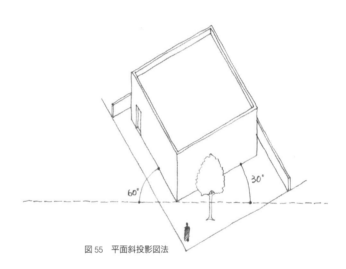

図55　平面斜投影図法

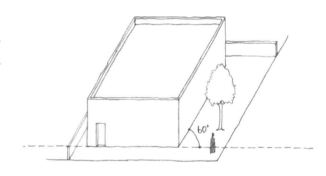

図56　カバリエ投影図法

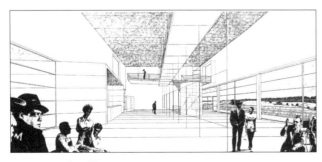

図58　コラージュの例（出典：William Morgan, ed., *HEIKKINEN＋KOMONEN*, The Monacelli Press, New York, 2000, p.134）

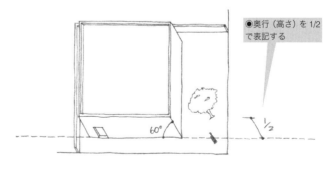

●奥行（高さ）を1/2で表記する

図57　キャビネット投影図法

20

●フリーハンドによる線画

　製図やCADによって作図したパースペクティブを、フリーハンドでトレースしてみましょう。簡単に独特の雰囲気を持った線画を作成することができます。平面図や断面図も、同様にトレースしてみてもよいでしょう。腕に自信のある諸君は、もちろん製図やCADに頼らず、はじめからフリーハンドで線画を描いてみるのもよいでしょう（**図59**）。

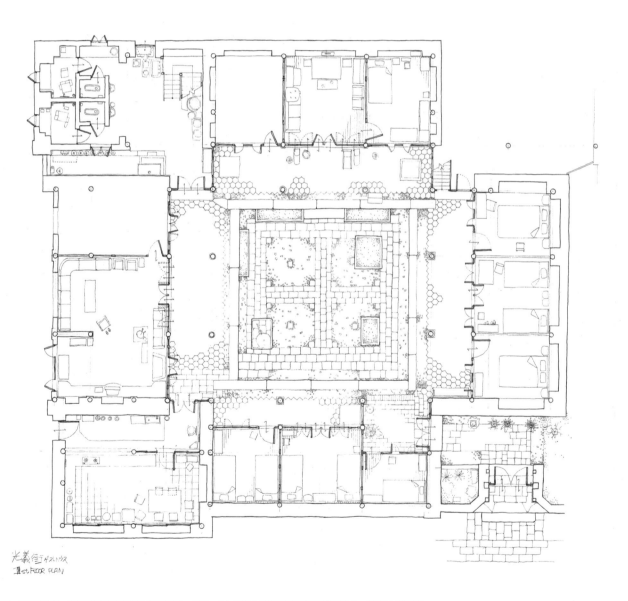

図59　実測図など、建物の雰囲気を演出する際にも、フリーハンドによる描写は有効な効果がある。（作図：柏原誉）

●様々な表現

　図面に人や樹木など、様々な要素を書き込んでみましょう（**図60**）。臨場感やスケール感を容易に得ることができます。また、鉛筆や色鉛筆、ポスターカラーや水彩絵具などを使用して、図面をレンダリング（演出）してみるのもよいでしょう（**図61**）。その際の注意点として、鉛筆や色鉛筆を使用する場合には、画用紙やコットン紙等の、表面に多少の凹凸があるものを選びます。一方、ポスターカラーや水彩絵具を使用する場合には、ハードボード等の厚紙を使用します。薄い紙を使用する場合には、紙が反らないように、木製パネル等に水張りしてから製図とレンダリングを行うのがよいでしょう。

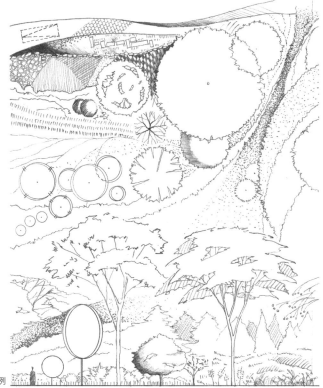

図60　樹木の表現の例

図61　図面をレンダリングした例（作図：藤木庸介）

撮影：村井修

drawing 1 ◉木造

篠　原　一　男
白　の　家
(1966)

時代背景・建築家紹介

　篠原一男（1925-2006）は、東京工業大学で清家清に建築を学ぶ。卒業後は同大学の助教授となり、1970年に教授、1986年には名誉教授となる。また、1972年の日本建築学会賞、1990年の紫綬褒章など、多くの賞を受賞した。前衛姿勢をとりつづけた建築家であり、いわゆる「篠原スクール」からは、長谷川逸子、坂本一成らを輩出している。

　篠原が建築家としてデヴューして間もない1960年代、日本における建築活動の主流は、民主主義、合理主義、あるいは機能主義にあったと言える。このような潮流にあって、篠原はその著書『住宅論』において「住宅は芸術である」と宣言する。また「住宅は建築といわれている領土から離れて独立し、国籍は絵画や彫刻あるいは文学等々と同じく芸術という共同体に移されなければならない」と主張した。つまり、敷地条件や家族構成などの個人的あるいは日常的な条件を捨象し、さらに都市からも独立したところに住宅設計を位置づけた上で、自由な想像力から生まれる新しい様式と造形が人々に衝撃を与え、また思想と生活を変革すると唱えたのである。この言論は当時の建築関係者に衝撃を与え、様々な議論を呼ぶこととなる。

　「私の仕事の半分は、日本の伝統という問題と、幾何学的なものへの関心であったように思う」と自ら述べているように、「から傘の家（1961）」や「白の家（1966）」にみられる平面の図学的構成や、「久我山の家（1954）」や「直方体の森（1971）」にみられるシンメトリーへの関心は、日本の伝統建築から引き出された「分割」という手法に関連すると同時に、建築の幾何学的解釈に起因する。思想と造形を媒介とする方法論を常に探求し続け、建築的思想を芸術の力に変えた篠原の住宅設計に対する姿勢は、慌ただしく流行の主題を追う現代の建築界において、なおも鮮やかな印象を私達に与えている。

建築解説・製図のポイント

　「白の家（1966）」は、木造平屋一部2階建ての住宅であり、一辺10mの正方形の外形からなる。また、中心に立つ心柱の頂点からは4隅に対して登梁が渡され、寄棟屋根が架構されている。平面構成は1本の直線により大きく2分され、高い天井高を持つ広間部分と、2層構成の寝室部分に分けられている。ただし、この空間を2分する直線は、平面の外形を構成する正方形の中心から外されており、正方形の架構に対して平面構成にズレが伴う。これにより、心柱が象徴化され、広間に緊張感を与えている。障子や柱という日本の伝統的要素を採用すると共に、「白」に抽象される物質性と単純化された空間構成、また、外部に閉じた構成と一点に集まる架構に暗喩された完結性には、厳格なまでの建築に対する形式の追求を感じる取ることもできよう。

　既述したように、高度経済成長期における住宅に対する価値観は、機能主義、または合理主義にあった。そんな時代に対する批判として、変容する社会潮流の中における恒久的価値を住空間に求め、日本の伝統的住宅様式にも繋がる「象徴空間」を表現したこの住宅は、一連の篠原建築の内にあって特に、精神的・宗教的、あるいは官能的とも評されており、芸術的傑作として、今日に認知されている。

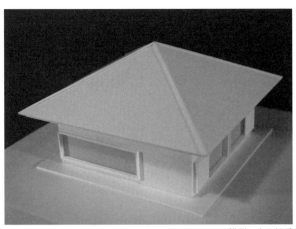

模型：山田細香

〈参考文献〉
▶篠原一男住宅図面編集委員会『篠原一男 住宅図面』（彰国社、2008）
▶多木 浩二『建築家・篠原一男──幾何学的想像力』（青土社、2007）
▶奥山信一・篠原一男『アフォリズム・篠原一男の空間言説』（鹿島出版会、2004）
▶篠原一男『篠原一男』（TOTO出版、1996）
▶篠原一男『住宅論』（SD選書、鹿島出版会、1970）

◉本作品は、近年、都市計画道路の実施にともない、移築された（「新建築」2008年7月号参照）。

●用紙の中央に図が配置されるよう、描き出しの位置を決める

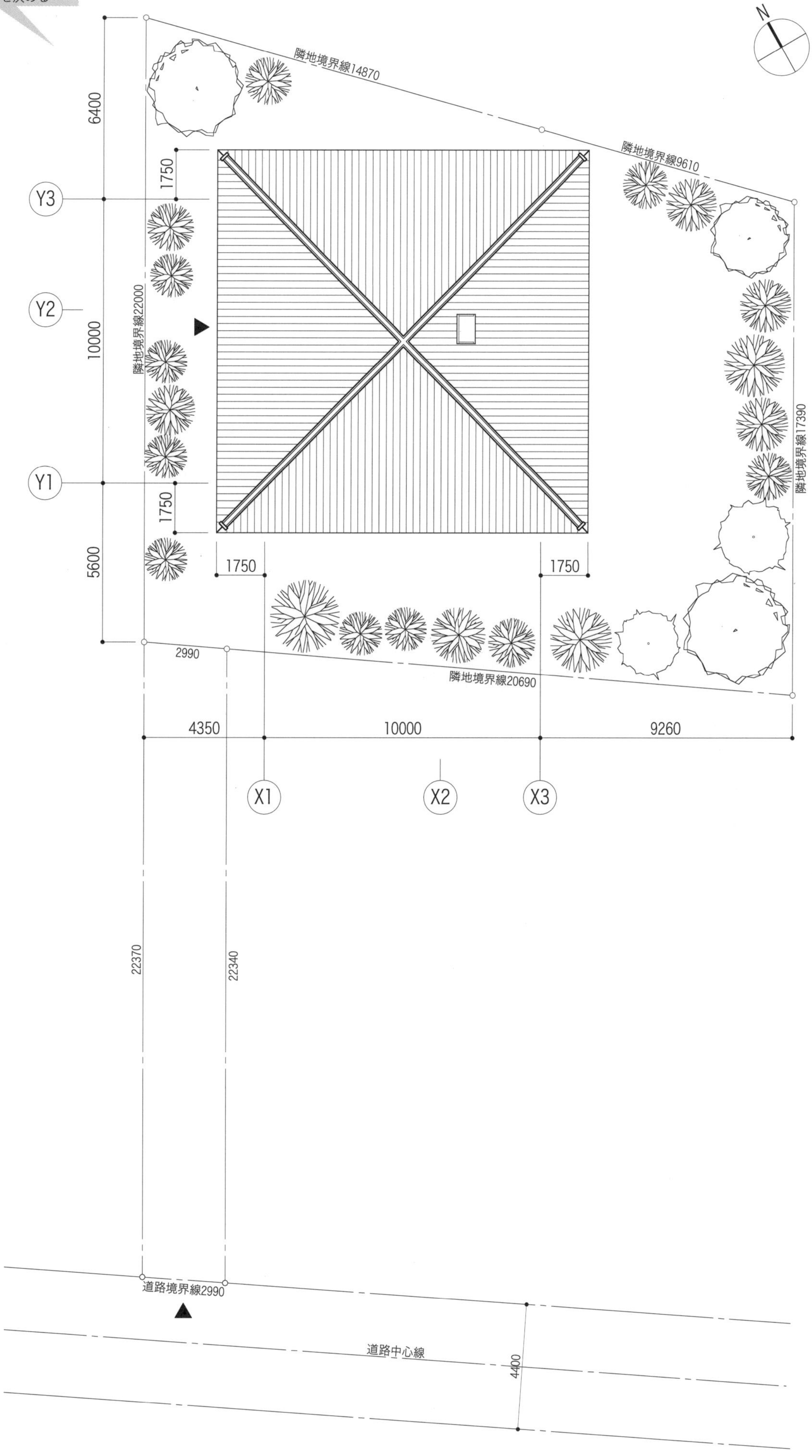
N
隣地境界線14870
隣地境界線9610
隣地境界線22000
隣地境界線17390
隣地境界線20690
6400
10000
5600
1750
1750
1750
1750
Y3
Y2
Y1
2990
4350
10000
9260
X1
X2
X3
22370
22340
道路境界線2990
道路中心線
4400

配置図　S=1:200

●配置図の描き方
1）基準線の下書き

（1）隣地境界線①ー⑥を引く。
（2）他の境界線・道路境界線⑦ー⑩を引き、道路幅などをとる。
（3）道路中心線を引く。
（4）建築物の外壁芯を引く。
（5）軒の出を下書きする。
（6）X1とX3間の中心・Y1とY3間の中心にそれぞれ捨線を引く。

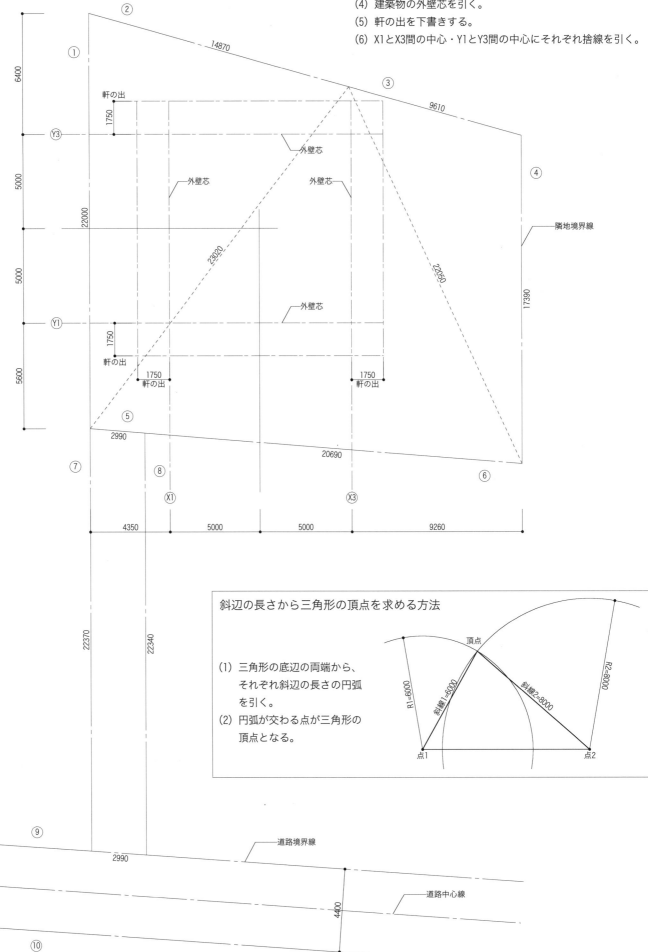

斜辺の長さから三角形の頂点を求める方法

（1）三角形の底辺の両端から、
それぞれ斜辺の長さの円弧
を引く。
（2）円弧が交わる点が三角形の
頂点となる。

2）建築物の仕上げ

(1) 下書きした軒先まわりを仕上げる。
(2) 瓦（本例では、幅250mmの平行線をもって簡略化する）を記入する。

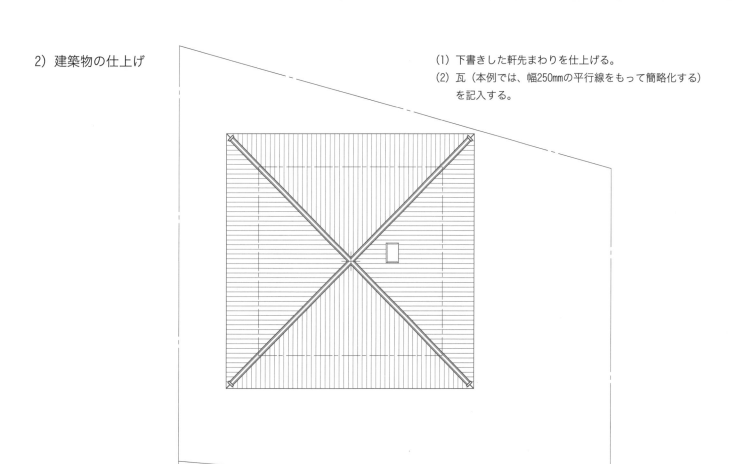

3）寸法・名称の記入

(1) 各隣地境界線の名称や距離、ポイント、その他各部の名称、出入口の表示を記入する。
(2) 寸法線・寸法補助線を引き、寸法を記入する。
(3) 敷地内にある植栽を記入する。
(4) 図面名・縮尺・方位を記入し、完成させる。

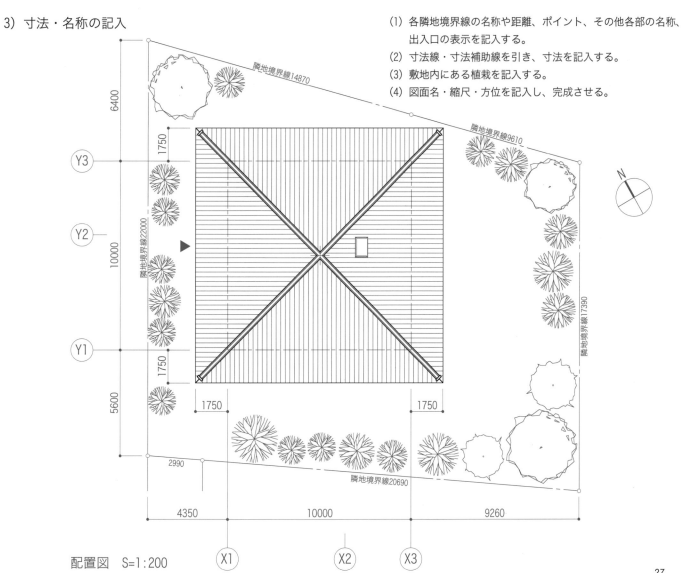

配置図　S=1：200

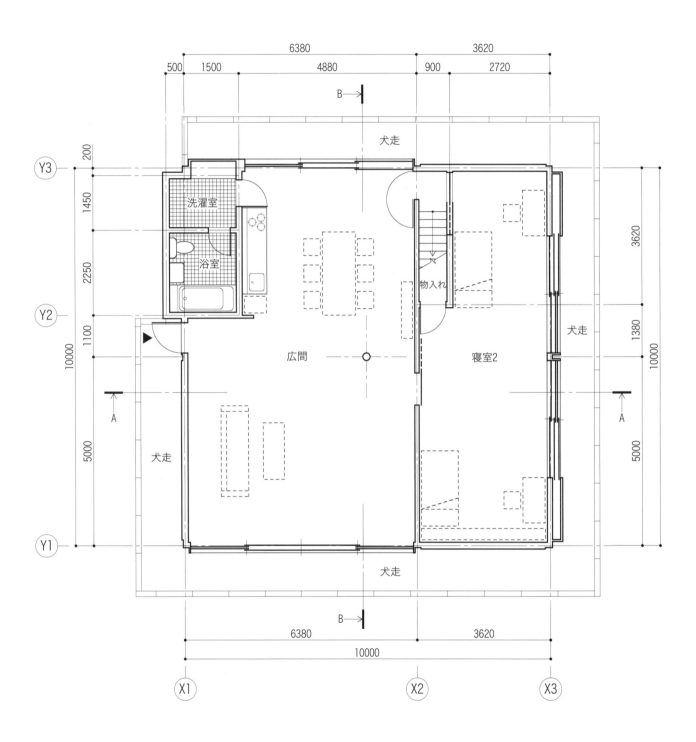

洗濯室

浴室

犬走

物入れ

広間

寝室2

犬走

犬走

犬走

A

A

B→

B→

Y3

Y2

Y1

X1

X2

X3

6380

3620

500

1500

4880

900

2720

200

1450

2250

1100

5000

10000

3620

1380

5000

10000

6380

3620

10000

1階平面図　S=1:100

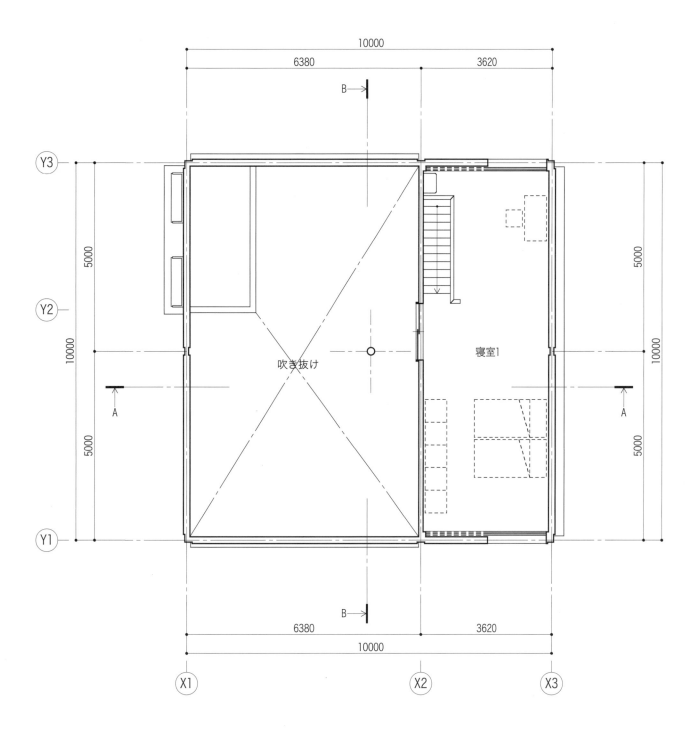

2階平面図　S=1:100

➡手描きによる図面見本
（巻末折図）参照

● 1階平面図の描き方

1）中心線の記入

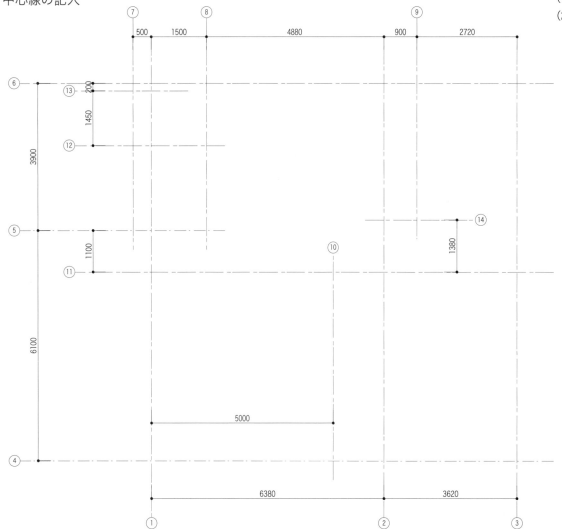

(1) 壁芯①—⑥を引く。
(2) 他の壁芯⑦—⑭を引く。

2）壁の下書き

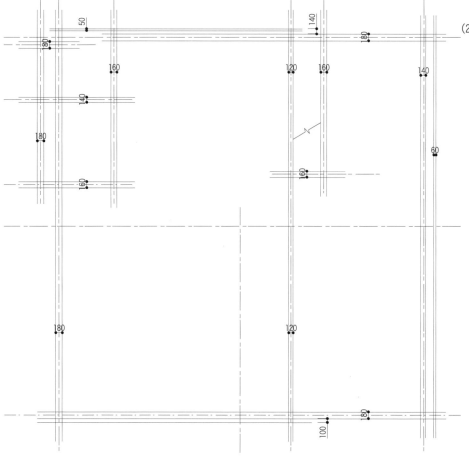

(1) 壁芯から壁厚を振り分け、捨線を引く。
(2) 階段部分の破断線を下書きする。

3) 開口部の下書き

(1) 壁に窓・出入り口の幅をとる。
(2) その他の壁の捨線を引く。

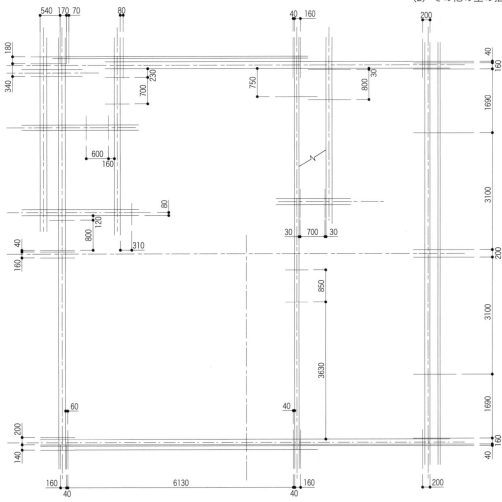

4) 壁の仕上げ

(1) 壁を仕上げる。

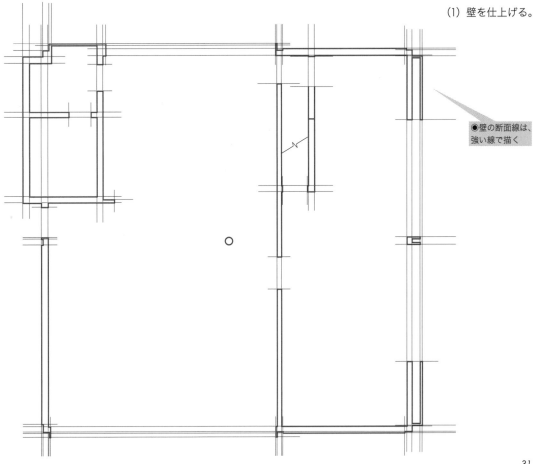

●壁の断面線は、
強い線で描く

5) 建具の記入

（1）外壁面にある窓を下書きする。
（2）出入口の扉を下書きする。
（3）下書きした窓と扉を仕上げる。

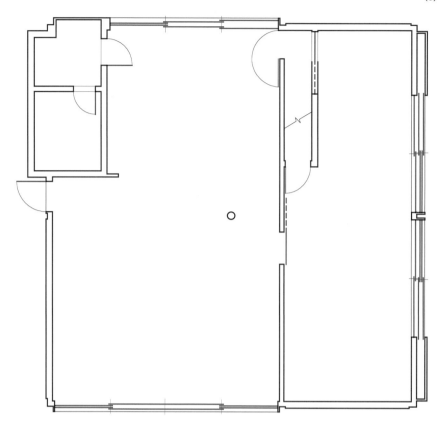

6) 階段の下書き・仕上げ・設備機器などの記入

（1）階段の踏面の奥行き（210㎜）をとり、下書きする。
（2）階段の上り方向を表す矢印を下書きする。
（3）下書きした部分を仕上げる。
（4）便器・洗面台・流し・家具などを記入する。

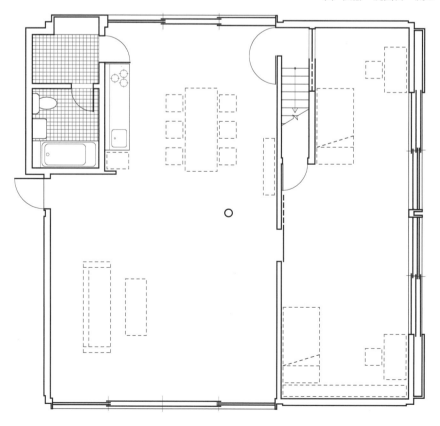

7) 寸法・名称などの記入

(1) 寸法線・寸法補助線を引き、寸法を記入する。
(2) 出入口の表示を記入する。
(3) 断面図の切断位置を示す切断線を引き、記号を記入する。
(4) 室名・図面名・縮尺・方位を記入し、完成させる。

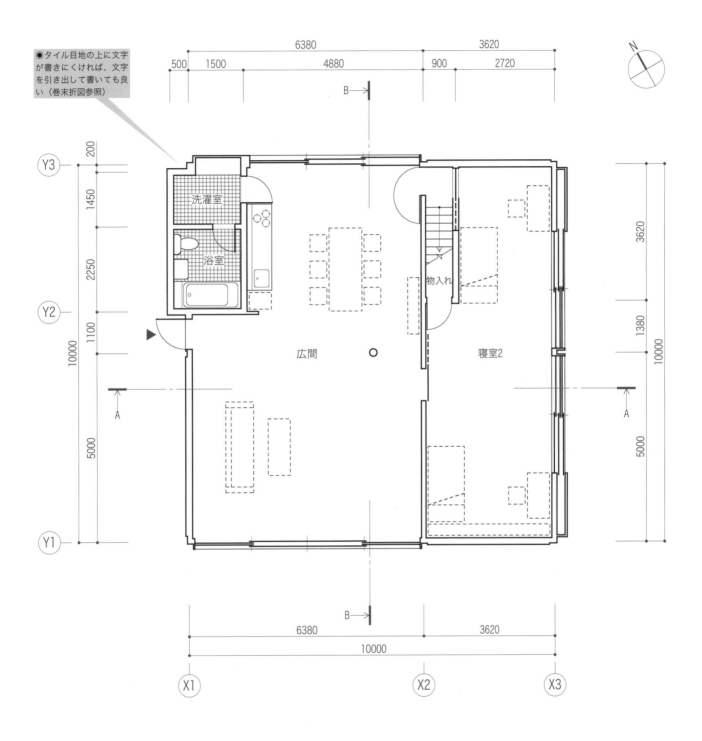

● タイル目地の上に文字が書きにくければ、文字を引き出して書いても良い（巻末折図参照）

1階平面図　S=1:100

● 2階平面図の描き方

1) 中心線の記入
2) 壁の下書き

(1) 壁芯①—⑨を引く。
(2) 壁芯から壁厚を振り分け、捨線を引く。

3) 開口部の下書き
4) 壁の仕上げ

(1) 壁に窓・出入り口の幅をとる。
(2) その他の壁の捨線を引く。
(3) 壁を仕上げる。

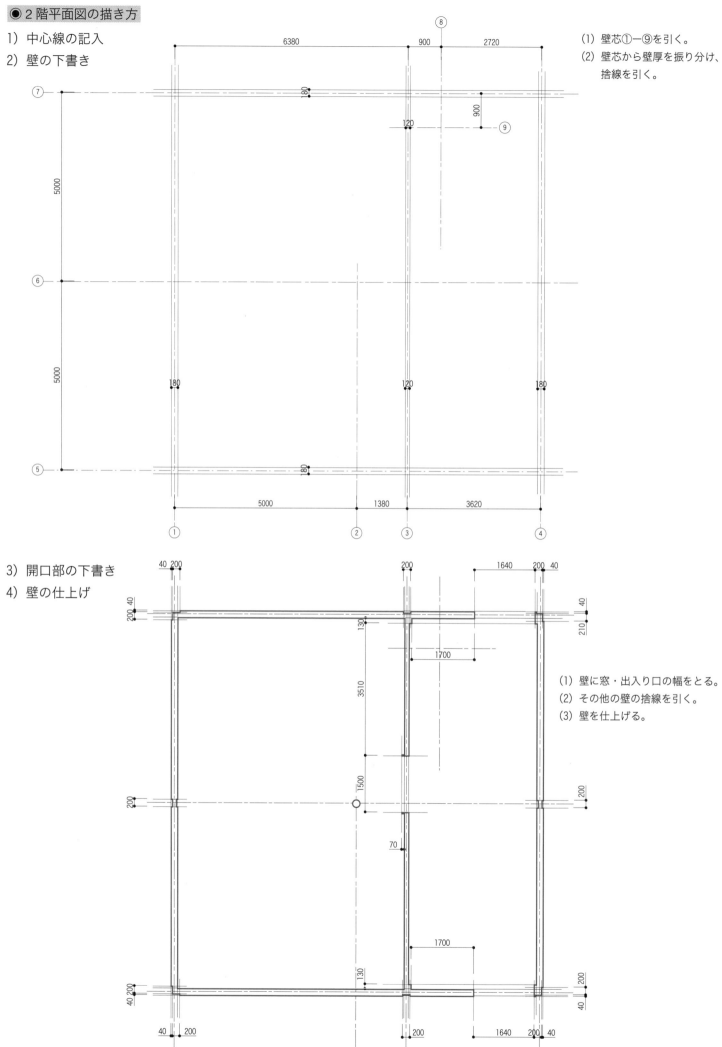

5) 建具の記入

6) 階段の下書き・仕上げ・
   設備機器などの記入

(1) 外壁面にある窓を下書きする。
(2) 下書きした窓を仕上げる。
(3) 階段の踏面の奥行き（210mm）を
   とり、下書きする。
(4) 階段の上り方向を表す矢印を
   下書きする。
(5) 下書きした部分を仕上げる。
(6) 家具などを記入する。
(7) 下階の見えがかり線を記入する。

7) 寸法・名称などの記入

(1) 寸法を記入する。
(2) 切断線を引き、記号を記入する。
(3) 室名・図面名・縮尺・方位を
   記入し、完成させる。

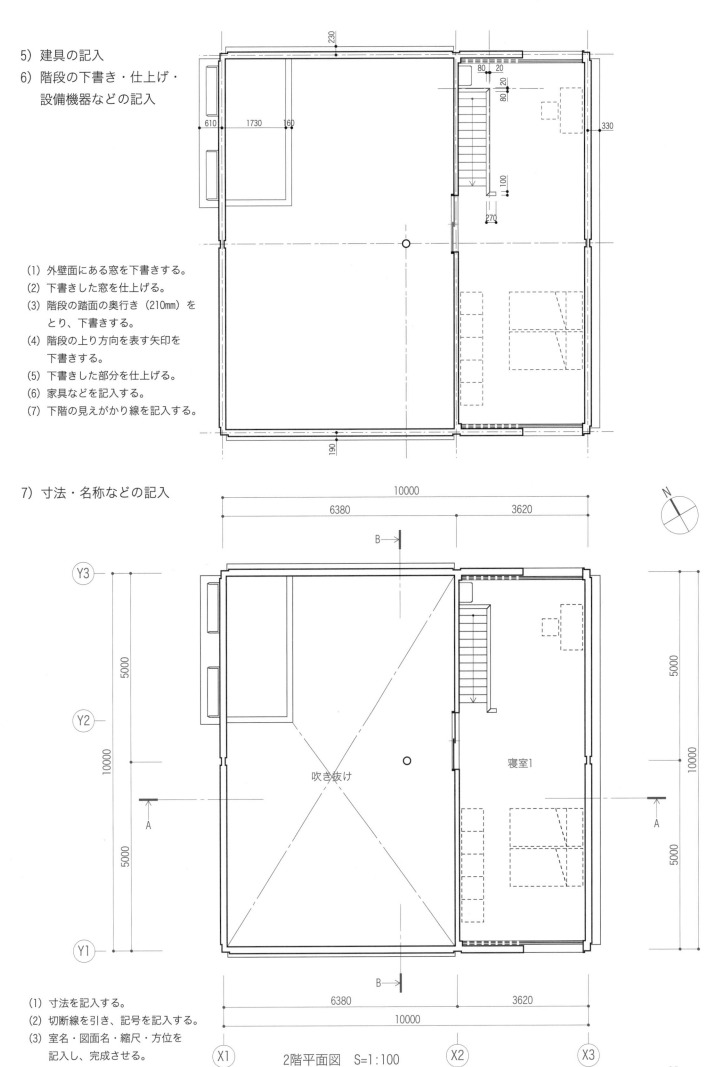

2階平面図　S=1:100

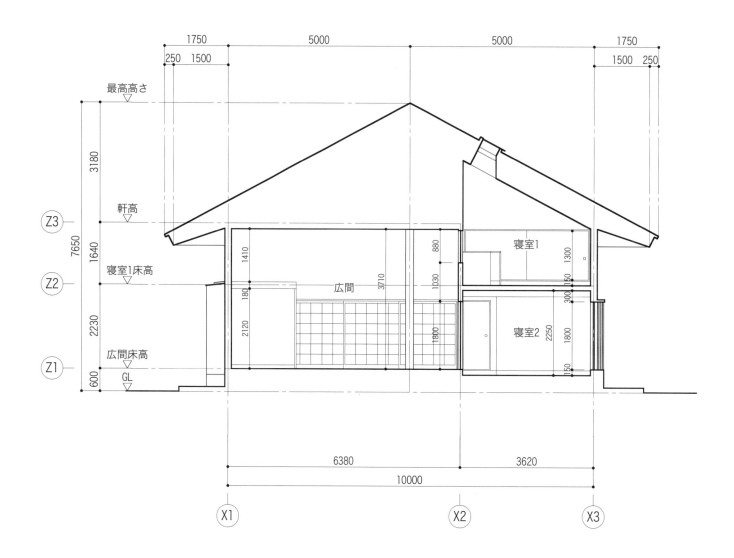

A-A 断面図　S=1:100

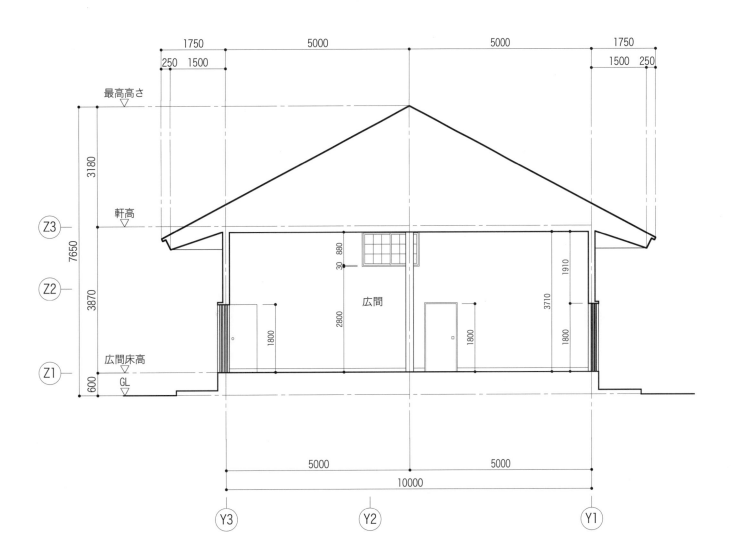

1750　5000　5000　1750

250　1500　1500　250

最高高さ

3180

Z3　軒高

7650

Z2　3870

30　880

広間

2800

1910

3710

1800　1800　1800

Z1　広間床高

600　GL

Y3　5000　Y2　5000　Y1

10000

B-B 断面図　S=1:100

1）基準線・中心線の記入

(1) 地盤線（GL）①を引く。
(2) 高さの基準②—⑥を記入する。
(3) 壁芯⑦—⑩を記入する。
(4) 屋根勾配⑪—⑫を記入する。
(5) 軒の出⑬—⑯を記入する。

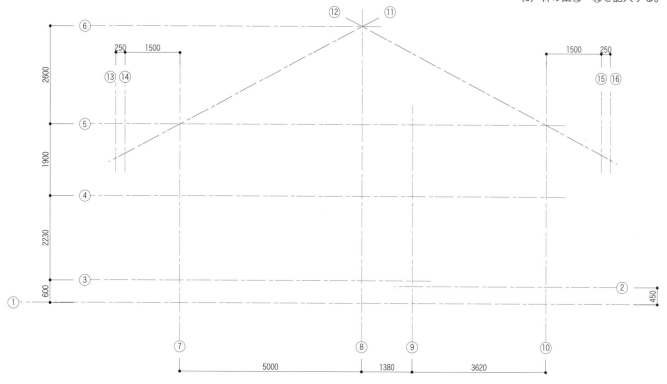

2）屋根・壁・天井・開口部の下書き

(1) 屋根の仕上げ線を下書きする。
(2) 壁厚を壁芯から振り分けて、捨線を引く。
(3) 各階の床面から天井面までの高さをとり、捨線を引く。
(4) 各開口部を下書きする。

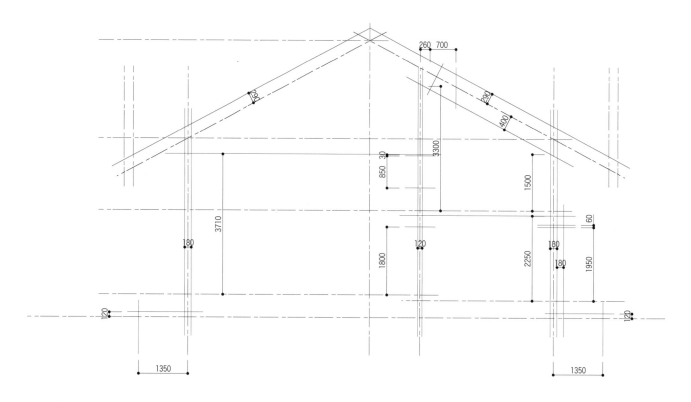

3) 屋根・壁・天井・床・建具などの仕上げ

(1) 下書きした屋根・壁・天井・床などを仕上げる。
(2) 地盤線を仕上げる。
(3) 建具を記入する。
(4) 切断位置より奥に見える 外部の部分を記入する。

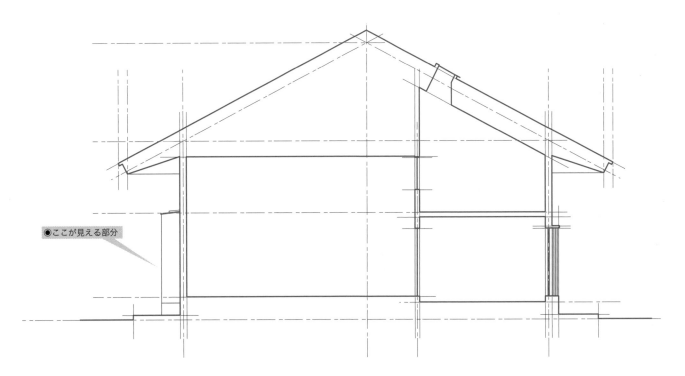

●ここが見える部分

4) 壁面の姿・寸法・名称の記入

(1) 広間の柱や襖、寝室の扉など、見える線を描く。
(2) 寸法線・寸法補助線を引き、寸法を記入する。
(3) 室名・図面名・縮尺などを記入し、完成させる。

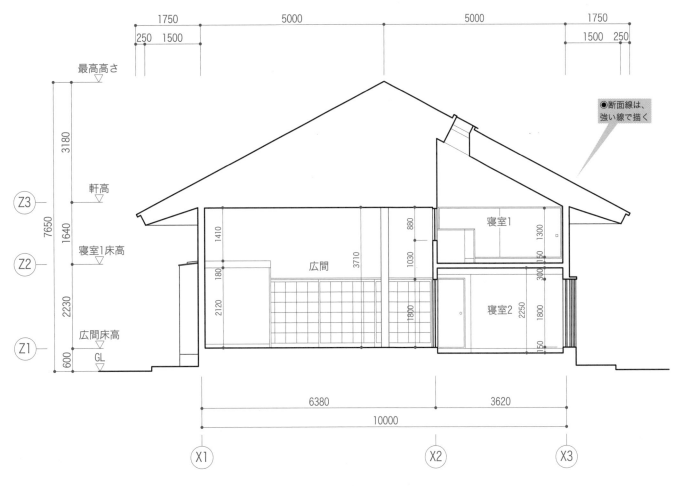

A-A 断面図　S=1:100

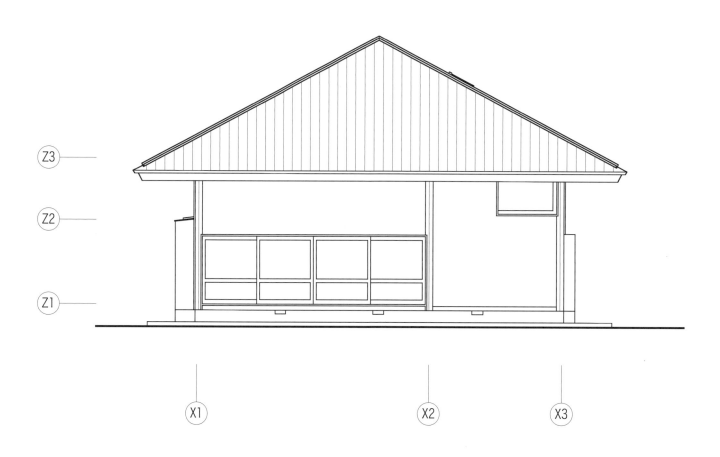

南西側立面図　S=1:100

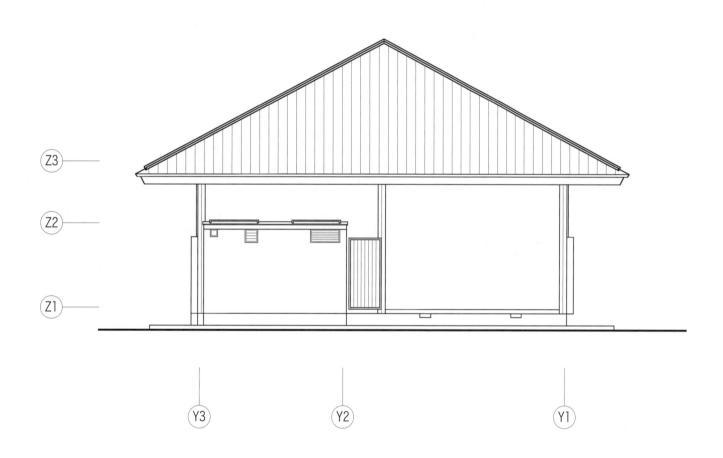

北西側立面図　S=1:100

●立面図（南西側）の描き方

1）基準線・中心線の下書き

(1) 地盤線（GL）①を引く。
(2) 高さの基準②－④を引く。
(3) 壁芯⑤－⑧を引く。

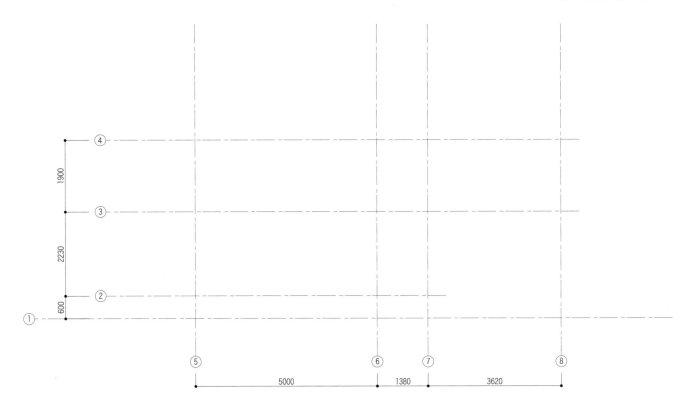

2）壁・屋根の下書き

(1) 壁厚を、壁芯から振り分けて、捨線を引く。
(2) 床下換気口の位置を下書きする。
(3) 屋根の勾配を下書きする。
(4) 軒の出を下書きする。
(5) その他奥に見える部分を下書きする。

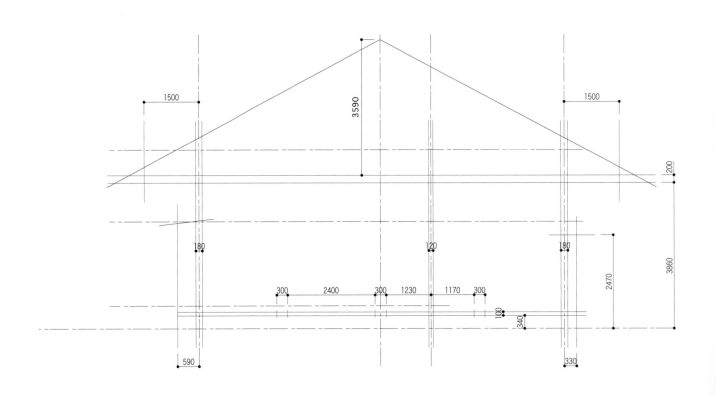

3）屋根・壁の仕上げ、開口部の下書き

(1) 屋根を仕上げる。
(2) 壁を仕上げる。
(3) 地盤線を仕上げる。
(4) 開口部の位置を下書きする。

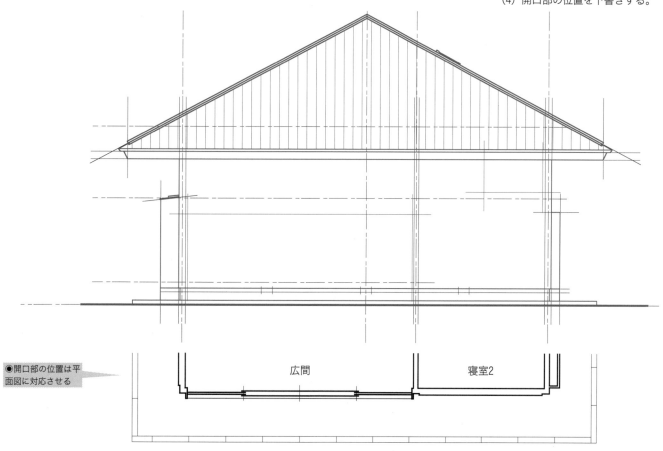

●開口部の位置は平
面図に対応させる

広間　寝室2

4）建具・床下換気口などの記入

(1) 建具を記入する。
(2) 床下換気口を記入する。
(3) その他の外壁の見えがかり線を記入する。
(4) 図面名・縮尺などを記入し、完成させる。

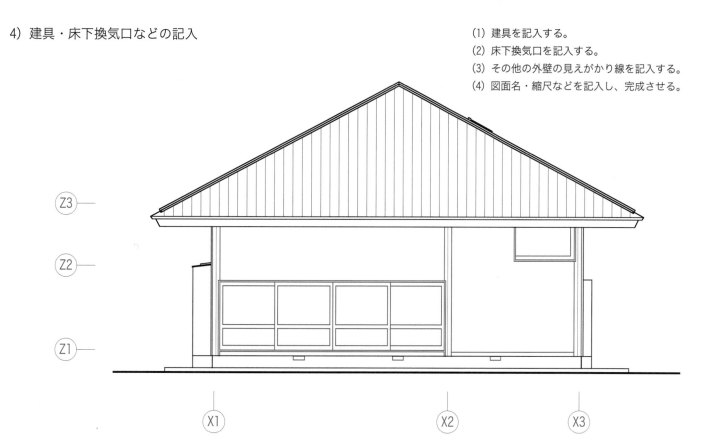

南西側立面図　S=1:100

●矩計図の描き方（➡完成図は巻末折図）

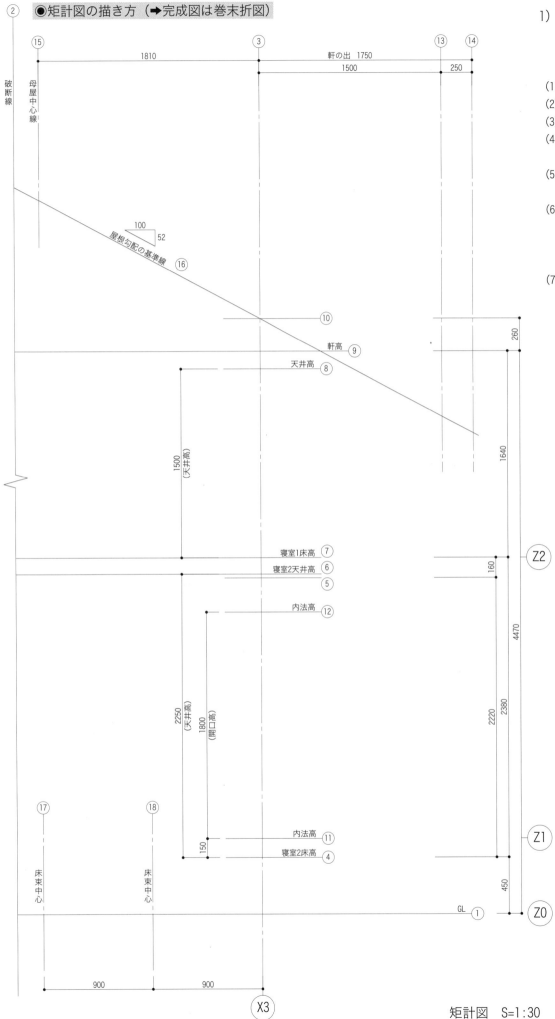

1）中心線・基準線の下書き

(1) 地盤線（GL）①を下書きする。
(2) 破断線②を下書きする。
(3) 柱芯③を引く。
(4) 地盤線（GL）を基準にして、高さの基準④－⑩を下書きする。
(5) 1階床高を基準にして、内法高⑪－⑫を下書きする。
(6) ⑬を柱芯より室外側に1500mm、さらに室外側に⑭を250mmとし、屋根勾配の基準線⑯を下書きする。
(7) 母屋の芯線⑮を室内側に1810mm、床束の芯線⑰－⑱を室内側にピッチ900mmとして、それぞれ下書きする。

矩計図　S=1：30

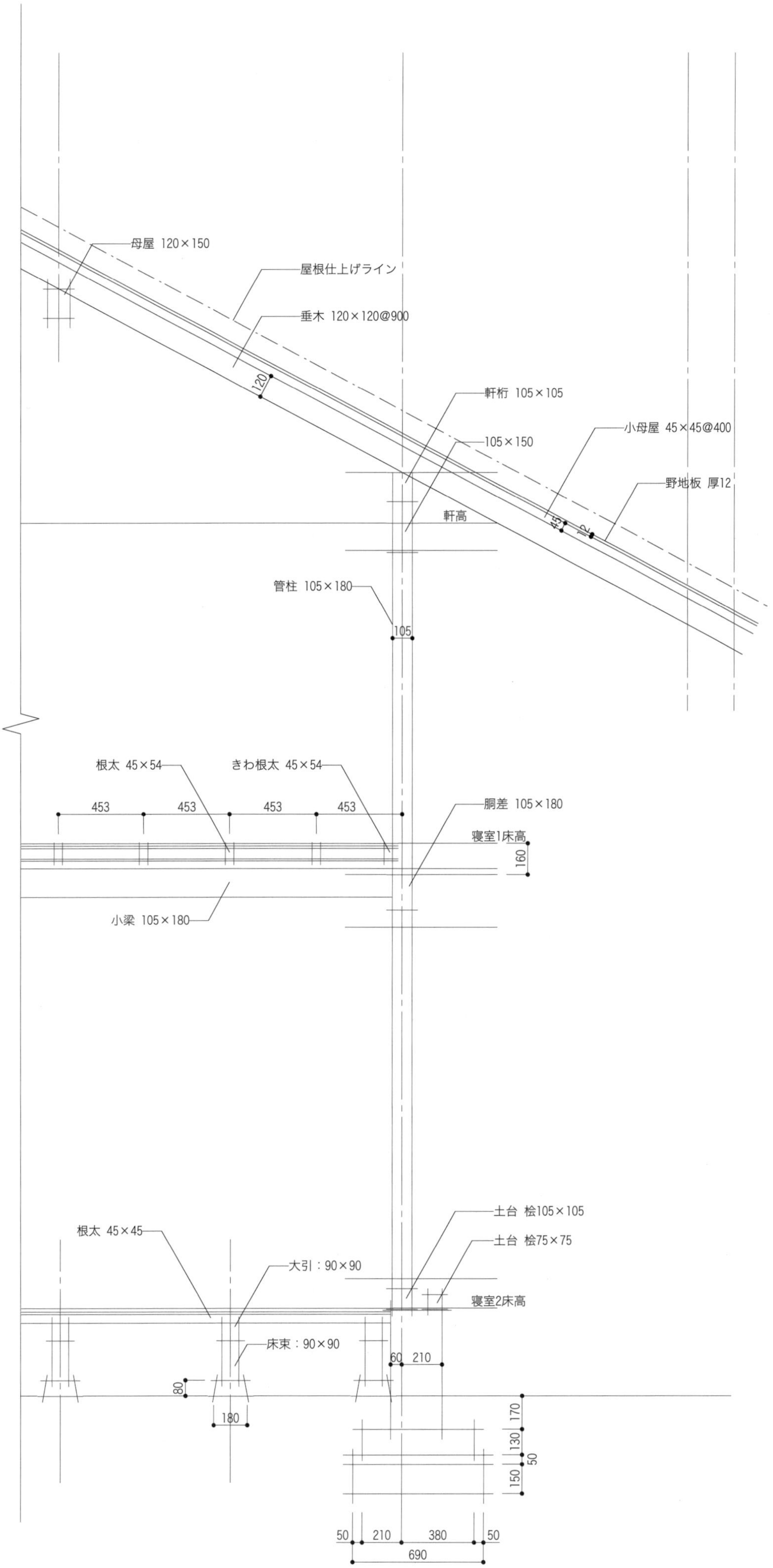

母屋 120×150
屋根仕上げライン
垂木 120×120@900
軒桁 105×105
105×150
小母屋 45×45@400
野地板 厚12
120
105×105
軒高
管柱 105×180
105

根太 45×54　きわ根太 45×54
453　453　453　453
胴差 105×180
寝室1床高
160

小梁 105×180

土台 桧105×105
土台 桧75×75
根太 45×45
大引：90×90
床束：90×90
寝室2床高
60　210
80
180
170
130
50
150
50　210　380　50
690

2) 基礎・床組・小屋組など 各部位の下書き

(1) 柱中心線より壁厚105mmを両側 に振り分けて捨線を引く。
(2) 軒桁は、軒高の位置より寸法を とる。
(3) 胴差は、2階床面（寝室1）より 160mm下がった位置に下書きする。
(4) 垂木せい・屋根仕上厚をとり、 母屋を下書きする。
(5) 根太・大引・梁など、1・2階の の床組を下書きする。
(6) 基礎は、柱中心線を基準にして、 下書きする。さらに、捨てコン クリート、割ぐりの各厚さを下 書きする。

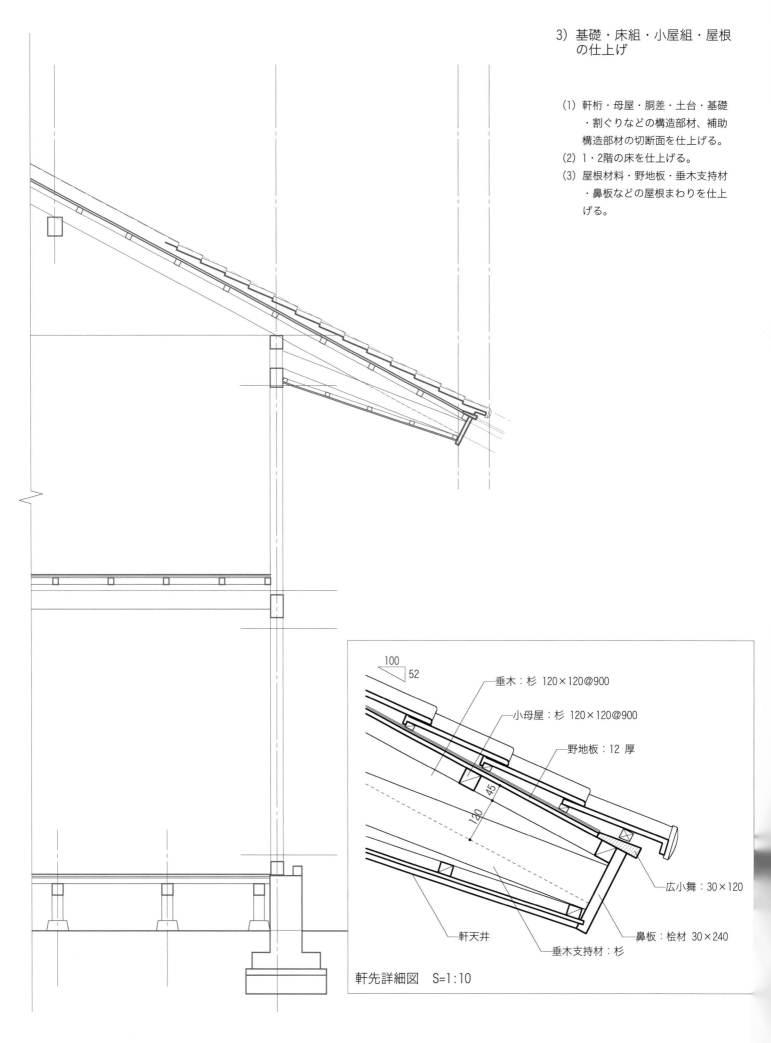

3）基礎・床組・小屋組・屋根
の仕上げ

（1）軒桁・母屋・胴差・土台・基礎
・割ぐりなどの構造部材、補助
構造部材の切断面を仕上げる。
（2）1・2階の床を仕上げる。
（3）屋根材料・野地板・垂木支持材
・鼻板などの屋根まわりを仕上
げる。

100
52

垂木：杉 120×120@900

小母屋：杉 120×120@900

野地板：12 厚

45

120

広小舞：30×120

軒天井

垂木支持材：杉

鼻板：桧材 30×240

軒先詳細図　S=1：10

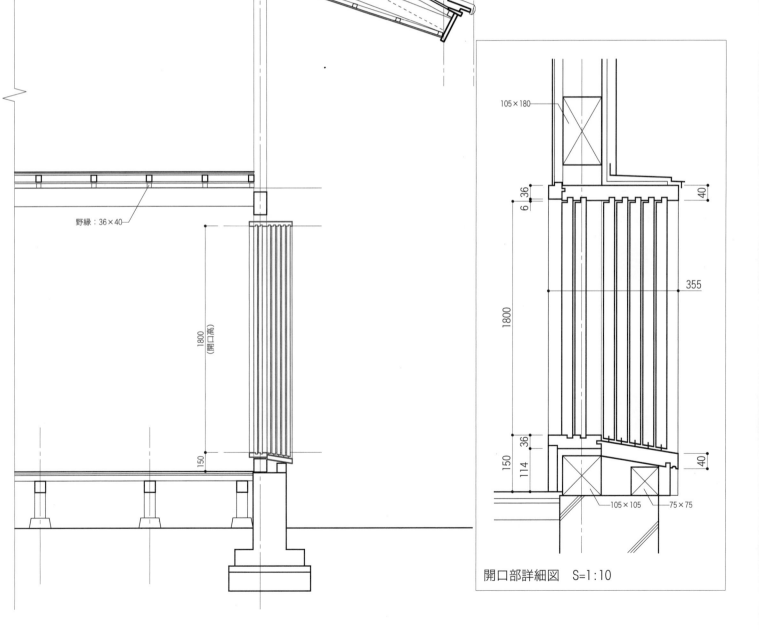

4） 開口部の下書き・仕上げ

（1） 開口部は、縦線が混在している
　　 ため、何を表現している線なの
　　 かをよく理解しながら描く。

5） 天井を描く

（1） つり木・野縁など、2階の天井組
　　 を仕上げる。
（2） 1階の天井組を仕上げる。

野縁：
杉 36×40@400

野縁：36×40

1800
（開口高）

150

105×180

6 36

40

355

1800

36

150

114

40

105×105

75×75

開口部詳細図　S=1：10

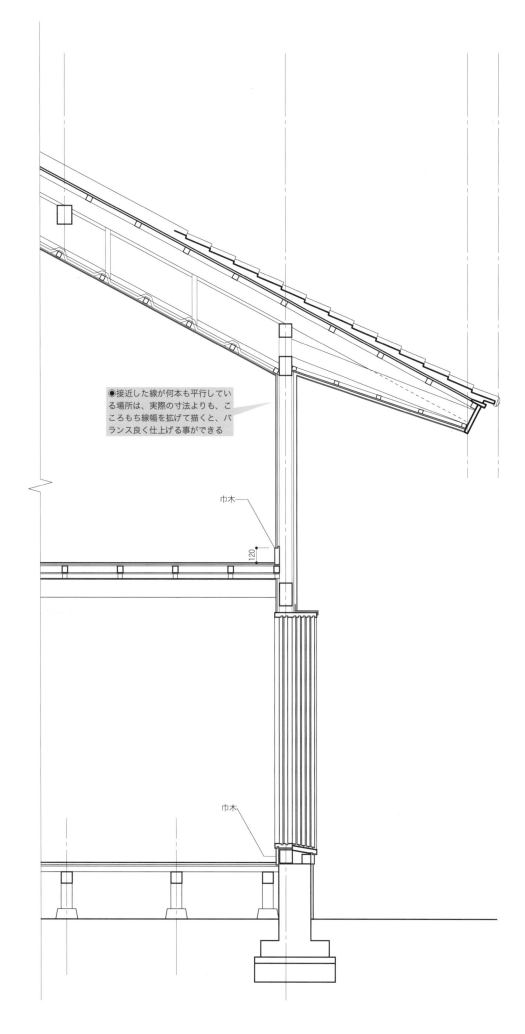

6) 内外壁を描く

(1) 外壁の下地厚・仕上厚を下書き
　　する。
(2) 寝室1内壁の巾木・下地を
　　下書きする。
(3) 寝室2内壁の巾木・下地を
　　下書きする。
(4) 寝室1天井断熱材を下書きする。
(5) 外壁を仕上げる。
(6) 軒裏を仕上げる。
(7) 内壁を仕上げる。
(8) 寝室1天井を仕上げる。
(9) 寝室2天井を仕上げる。
(10) 基礎仕上げを仕上げる。

●接近した線が何本も平行してい
る場所は、実際の寸法よりも、こ
ころもち線幅を拡げて描くと、バ
ランス良く仕上げる事ができる

巾木

120

巾木

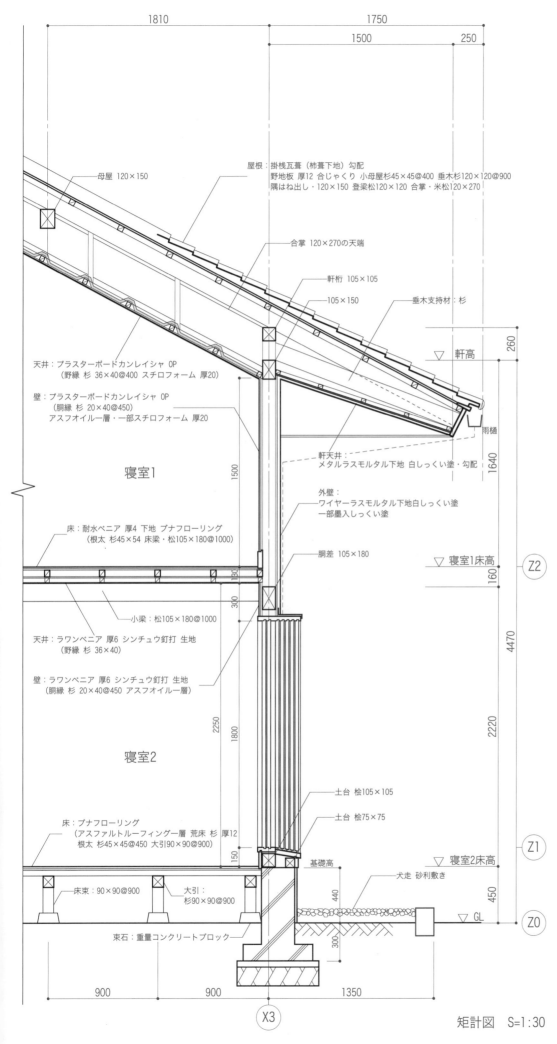

7) 材料構造表示記号・寸法・名称などの記入

(1) 破断線を仕上げる。
(2) 雨樋を描く。
(3) 寸法線・寸法補助線を引き、寸法を記入する。
(4) 室名・各部の名称・図面名・縮尺を記入し、完成させる。

母屋 120×150

屋根：掛桟瓦葺（柿葺下地）勾配
　野地板 厚12 合じゃくり 小母屋杉45×45@400 垂木杉120×120@900
　隅はね出し・120×150 登梁松120×120 合掌・米松120×270

合掌 120×270の天端

軒桁 105×105

105×150

垂木支持材：杉

天井：プラスターボードカンレイシャ OP
　（野縁 杉 36×40@400 スチロフォーム 厚20）

壁：プラスターボードカンレイシャ OP
　（胴縁 杉 20×40@450）
　アスフオイル一層・一部スチロフォーム 厚20

260

▽ 軒高

軒天井：
　メタルラスモルタル下地 白しっくい塗・勾配

雨樋

1640

寝室1

外壁：
　ワイヤーラスモルタル下地白しっくい塗
　一部墨入しっくい塗

1500

床：耐水ベニア 厚4 下地 ブナフローリング
　（根太 杉45×54 床梁・松105×180@1000）

胴差 105×180

130

▽ 寝室1床高

160

Z2

小梁：松105×180@1000

300

天井：ラワンベニア 厚6 シンチュウ釘打 生地
　（野縁 杉 36×40）

4470

壁：ラワンベニア 厚6 シンチュウ釘打 生地
　（胴縁 杉 20×40@450 アスフオイル一層）

2250

1800

2220

寝室2

土台 桧105×105

土台 桧75×75

床：ブナフローリング
　（アスファルトルーフィング一層 荒床 杉 厚12
　根太 杉45×45@450 大引90×90@900）

150

基礎高

犬走 砂利敷き

▽ 寝室2床高

Z1

440

450

床束：90×90@900

大引：
　杉90×90@900

▽ GL

Z0

束石：重量コンクリートブロック

300

900

900

1350

X3

矩計図　S=1:30

1810

1750

1500

250

49

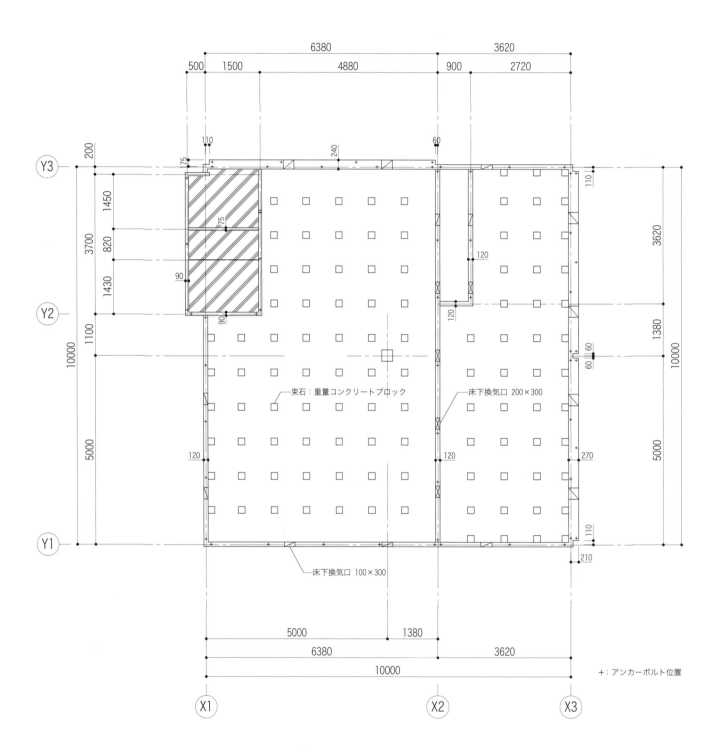

6380　　　3620
500　1500　　4880　　　900　　2720

110　　　　240　　　60

200
1450
3700　575
820
1430
90
1100
90
10000
5000
120

Y3
Y2
Y1

110
120
120
120
60 60
120
270
110
210

3620
1380
10000
5000

束石：重量コンクリートブロック　　　　床下換気口 200×300

床下換気口 100×300

5000　　1380
6380　　　　3620
10000

＋：アンカーボルト位置

X1　　　　　　X2　　X3

基礎伏図　S=1:100

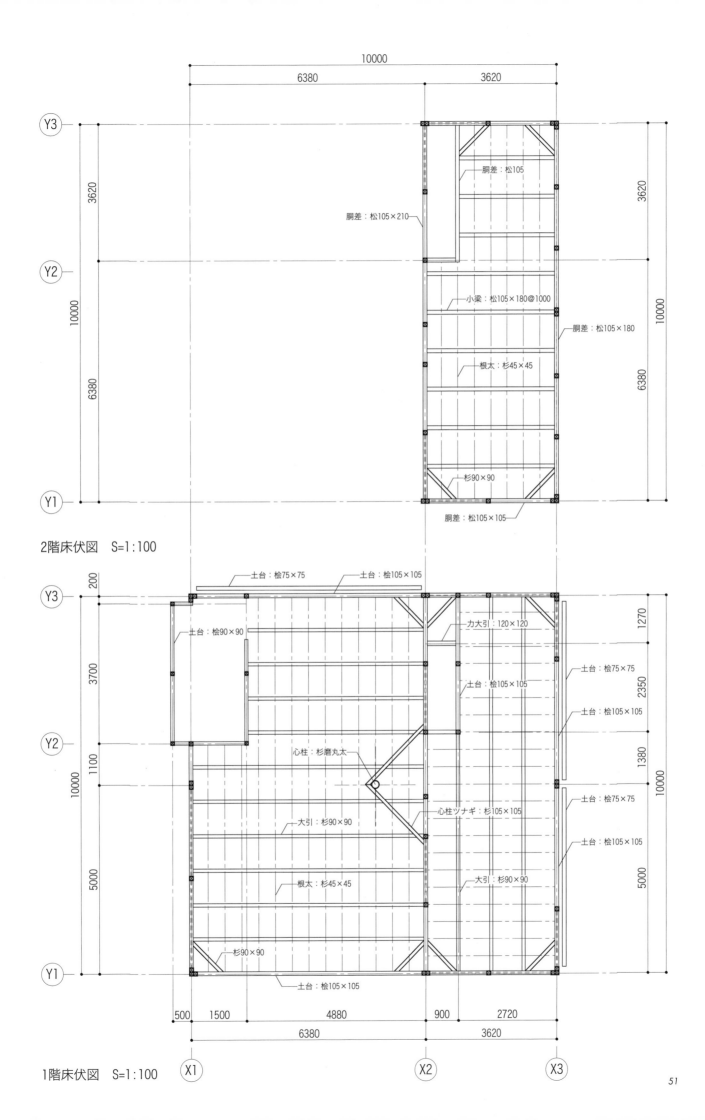

10000
6380　3620

Y3

3620

胴差：松105

胴差：松105×210

10000

Y2

小梁：松105×180@1000

3620

胴差：松105×180

6380

根太：杉45×45

10000

杉90×90

Y1

胴差：松105×105

2階床伏図　S=1:100

土台：桧75×75　　土台：桧105×105

Y3

200

土台：桧90×90

1270

力大引：120×120

3700

土台：桧75×75

土台：桧105×105

2350

Y2

土台：桧105×105

心柱：杉磨丸太

1100

10000

1380

大引：杉90×90

心柱ツナギ：杉105×105

土台：桧75×75

5000

根太：杉45×45

大引：杉90×90

土台：桧105×105

5000

杉90×90

土台：桧105×105

Y1

500　1500　4880　900　2720

6380　3620

X1　X2　X3

1階床伏図　S=1:100

51

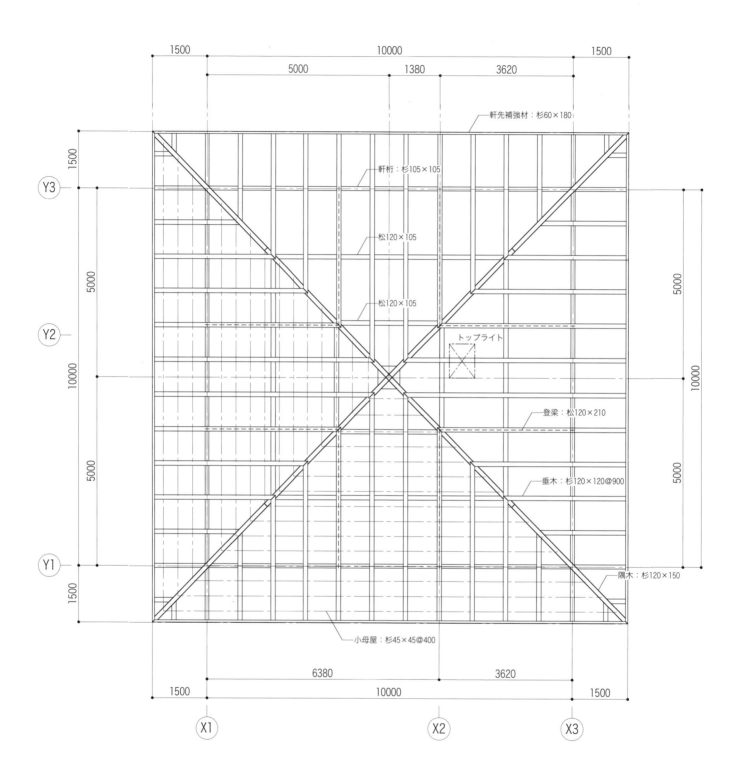

小屋伏図　S=1:100

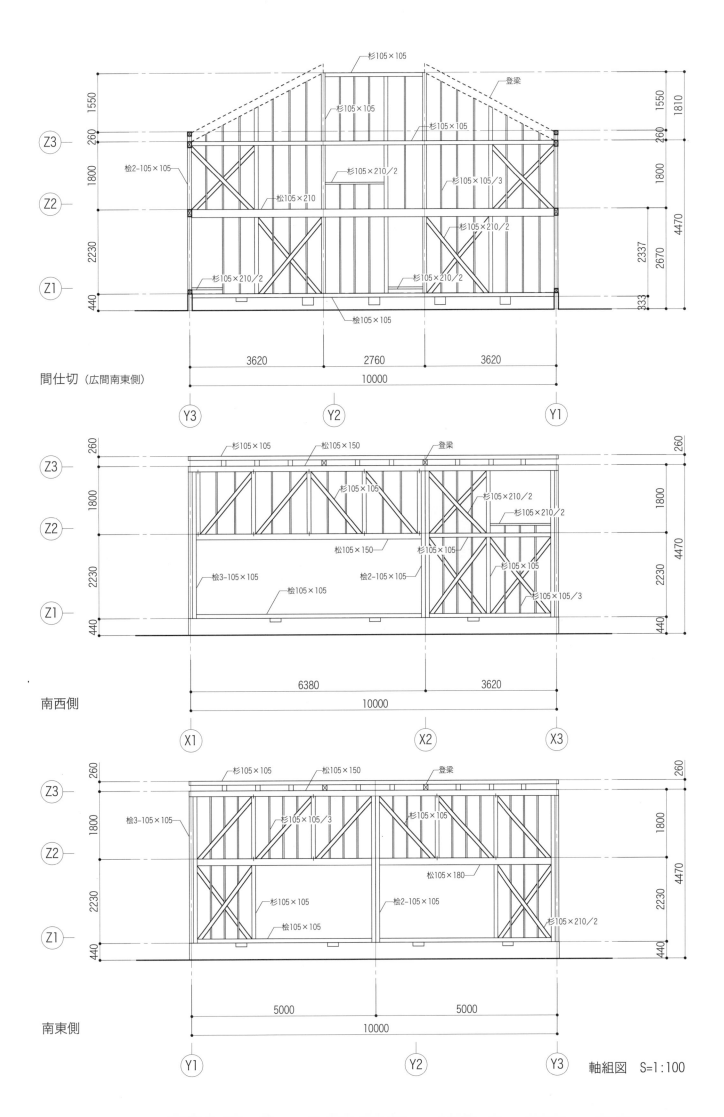

間仕切（広間南東側）

南西側

南東側

軸組図　S=1:100

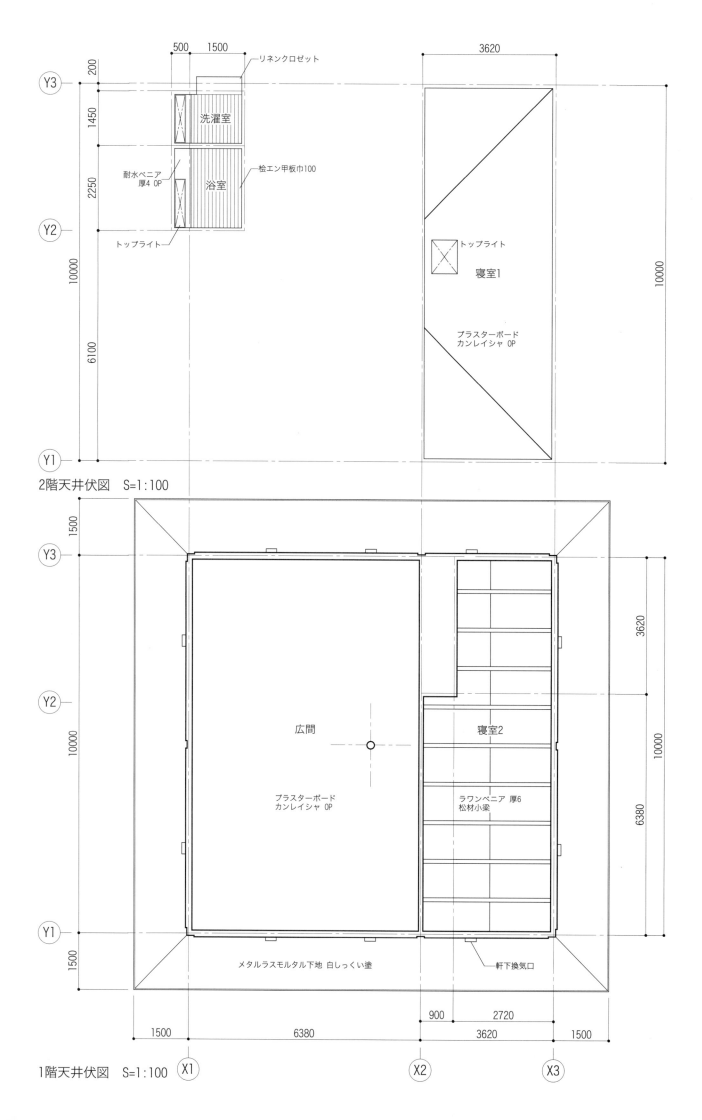

2階天井伏図　S=1：100

リネンクロゼット

洗濯室

浴室

耐水ベニア
厚4 OP

桧エン甲板巾100

トップライト

トップライト

寝室1

プラスターボード
カンレイシャ OP

500　1500

200

1450

2250

3620

10000

6100

10000

1階天井伏図　S=1：100

広間

寝室2

プラスターボード
カンレイシャ OP

ラワンベニア 厚6
松材小梁

メタルラスモルタル下地 白しっくい塗

軒下換気口

1500

10000

1500

3620

10000

6380

1500　6380　3620　1500

900　2720

X1　X2　X3

Y1　Y2　Y3

1階（撮影：村井修）

2階（撮影：村井修）

撮影：北田英治

drawing 2-1 ● RC造

吉 阪 隆 正

浦 　 邸
（1955）

時代背景・建築家紹介

吉阪隆正（1917-1980）は、早稲田大学在学中に、著名な風俗研究家であった今和次郎から、住居学に対する薫陶を受ける。その後の早稲田大学助教授時代に著した『住居学汎論』は、日本の住居学創成期を代表する重要な一冊に数えられる。当時、既に一定の地位を得ていた吉阪だが、自身の方向性に対して葛藤を抱くようになり、教職を維持したまま、1950年にル・コルビュジエのもとへと向かう。2年間に渡るル・コルビュジエのアトリエ滞在後に帰国して復職し、1955年の「自邸」を皮切りに、建築家としての活動を始めた。1959年に早稲田大学教授。1973年には日本建築学会会長に就任。また、登山家としても知られており、日本山岳会理事等を歴任した。

自邸以後の設計は、「U研究室」の前身である「吉阪研究室」を組織し、一貫して組織体における設計活動を主軸とした。これは後の「不連続統一体」に集成され、吉阪の設計理念であり、またその手法と認知されるに至る。なお、「不連続統一体」とは、様々な要素が同等に存在することによって、一つの総体を創り上げるその様態である。

建築解説・製図のポイント

浦邸

吉阪は前述の「自邸」に続き、1955年に初期の代表作となる「浦邸」を完成させる。くの字型の特徴的な柱により正方形に構成された2つの構造ユニットが、2階部分のボリュームを持ち上げるピロティー形式の住宅である。こうしたピロティー形式への着想は、施主で数学者の浦太郎が1951年にパリへ留学した際、同じくパリに留学していた吉阪と出会い、その時、共に見たル・コルビュジエ設計のスイス学生会館から得たものであるという。2つの構造ユニットの平面形は、2階部分で45度展開して居住スペースを形成する。これらはそれぞれ、居間などが配置されたパブリックスペースと個室が配置されたプライベートスペースにゾーニングされている。こうしたパブリックとプライベート双方のゾーニングは、「鉄筋コンクリート構造にする」「靴を履いたまま上がれる様にする」、といったことに並び、吉阪の設計に対する浦の当初からの要望であった。ここに、浦と吉阪におけるパリでの生活とコルビュジエの影響が見て取れる。

ヴィラ・クゥクゥ

「浦邸」を完成させた翌1956年、吉阪は「ヴェネチア・ビエンナーレ日本館」、「十河邸」、「ヴィラ・クゥクゥ」といったRC造建築を続けて完成させているが、これら一連の作品において、「ヴィラ・クゥクゥ」は突出した個性を放っている。完成当時は、近所の子供から「象さんの家」と呼ばれ、通りがかりの写真家がヌード撮影に使用したいと申し込んできたほどである。これを受けて吉阪も、「何か私は奇をてらう着想の主のように思われてしまった」と語っているが、この形態は、奇をてらうが為の恣意的発想から生まれたものではない。ヴィラ・クゥクゥは、コンクリート躯体を打ち放して外部の仕上げとし、内部にはロフトの掛けられたワンルーム型の空間が構成されている。主要な開口は西側にのみ設置されており、東側に向かって天井が緩やかに高くなると同時に、水平方向の幅が絞られていく。この構成は、囲まれた矮小な土地にあって、西側にある唯一の眺めを住宅内部に取り込もうとする工夫に基づいており、特異な建築の形態は、与えられた土地の条件を空間構成に解釈した上での結果であった。

模型：山田細香

参考文献：
▶倉方俊輔『吉阪隆正とル・コルビュジエ』（王国社、2005）
▶吉阪隆正＋U研究室『DISCONT 不連続統一体』（丸善、1998）
▶「新建築 11月臨時増刊　昭和住宅史」（新建築社、1976）
▶吉阪隆正＋U研究室『Experimental house』（建築資料研究社、2020）

◉「浦邸」：入手できたいくつかの資料は相互に一致しない部分があり、こうした部分については製図教科書としての使用を鑑みた上で、筆者らにより調整を行っている。また、「浦邸」の全面道路は竣工当時から拡幅されており、現在、竣工当時の敷地の一部が道路として切り取られている。この表記についても現地を確認した上で、筆者らにより調整を行っている。

◉「ヴィラ・クゥクゥ」：屋根面には円錐形のトップライトが設置されており、内部への採光を補足する構成となっているが、作図の基となったオリジナル図面には当該トップライトの表記が無く、本書では図面への反映が困難である事から、これらの表記を行っていない

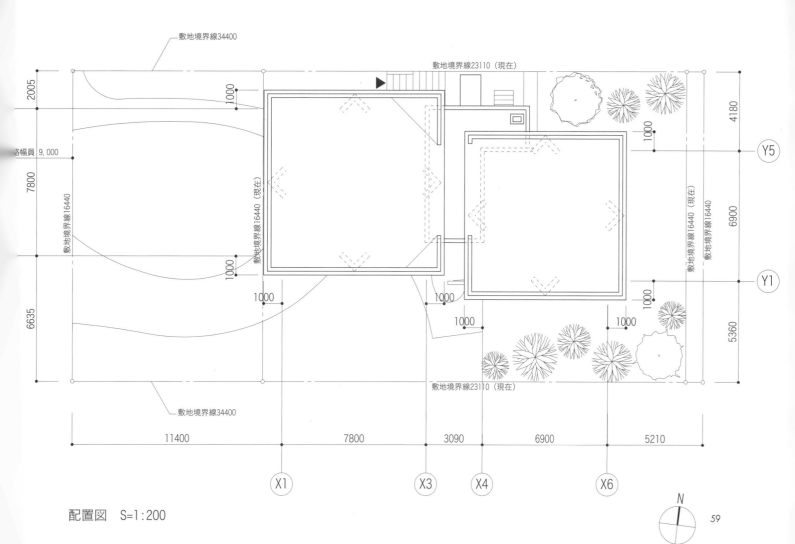

敷地境界線34400

敷地境界線23110（現在）

2005

1000

路幅員 9,000

7800

敷地境界線16440

敷地境界線16440（現在）

1000

4180

1000

Y5

6900

敷地境界線16440（現在）
敷地境界線16440

6635

1000

1000

1000

Y1

1000

1000

5360

敷地境界線23110（現在）

敷地境界線34400

| 11400 | 7800 | 3090 | 6900 | 5210 |

X1　　　　X3　X4　　　　X6

配置図　S=1:200

N

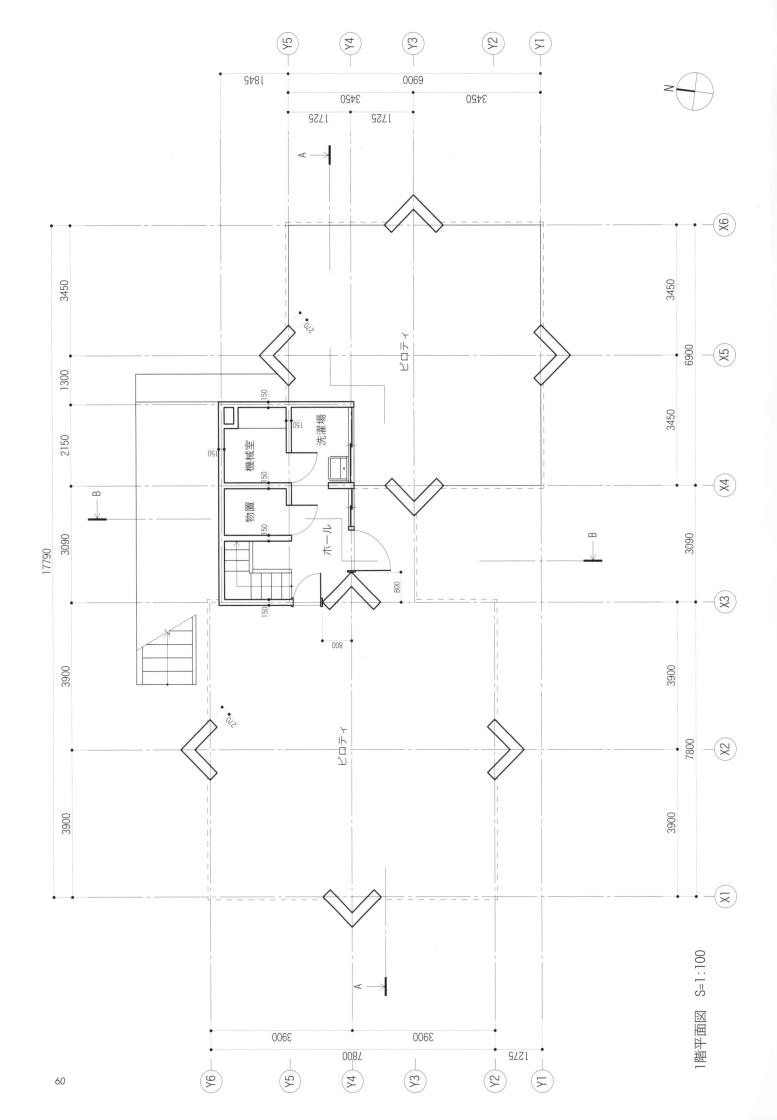

1階平面図　S=1:100

60

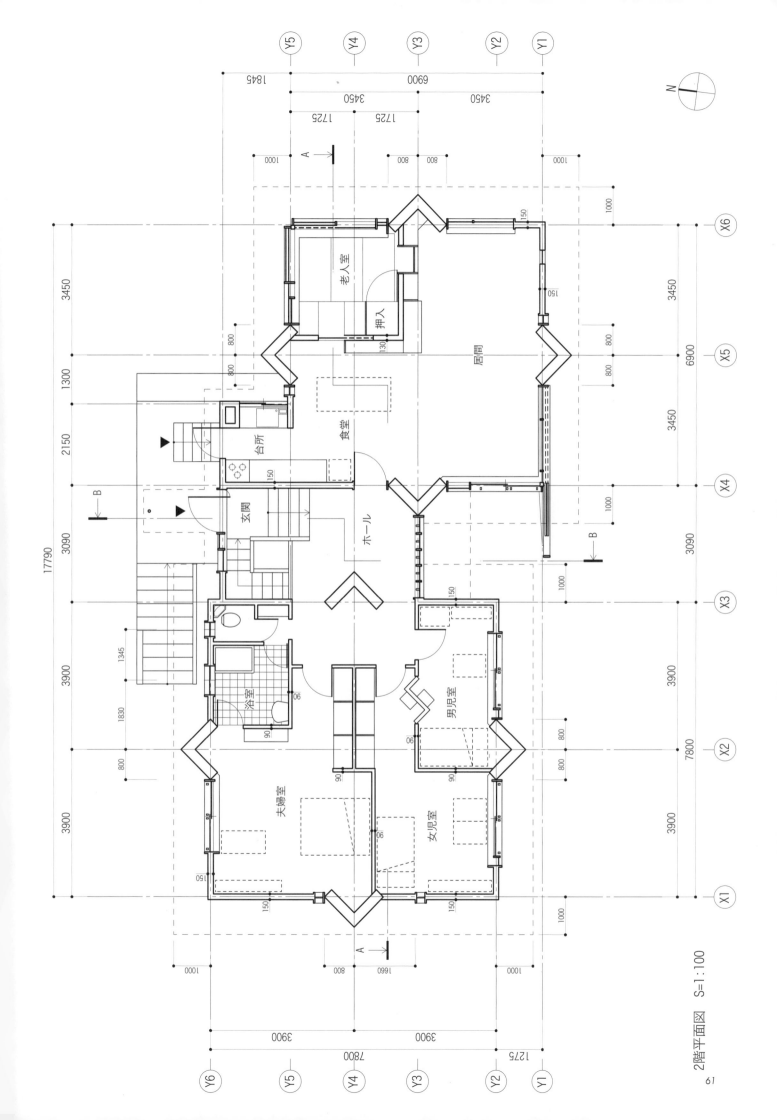

2階平面図　S=1:100

61

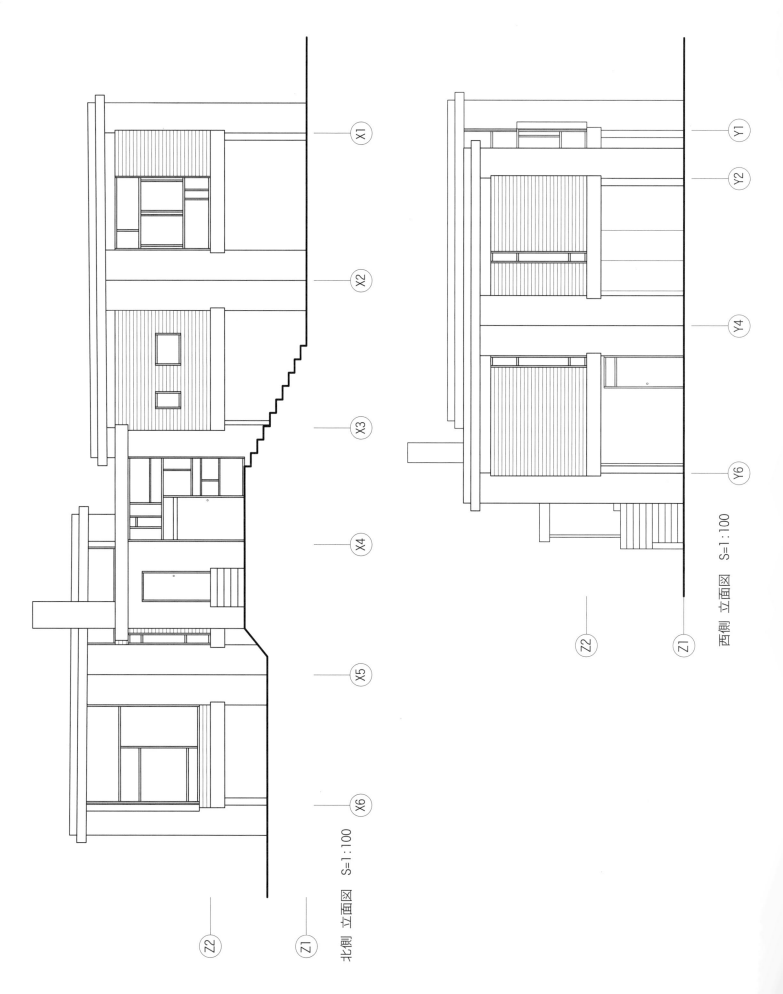

北側 立面図　S=1：100

西側 立面図　S=1：100

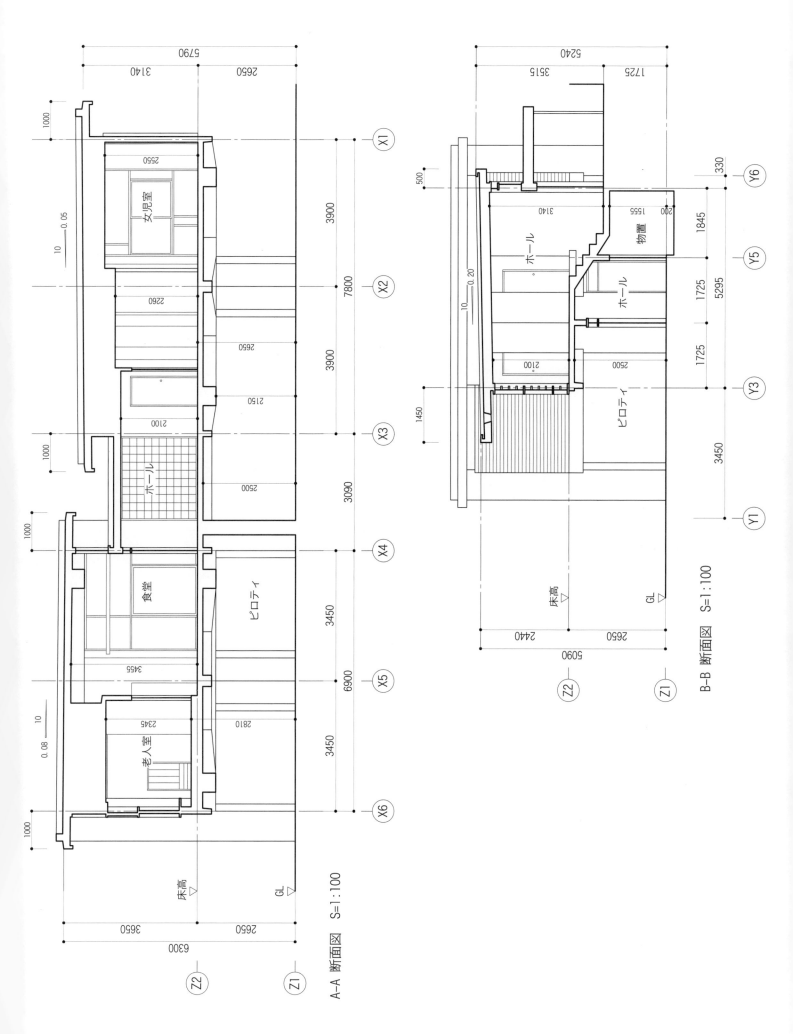

A-A 断面図　S=1:100

B-B 断面図　S=1:100

撮影：北田英治

drawing 2-2 ● RC造

吉 阪 隆 正

ヴィラ・クゥクゥ

(1956)

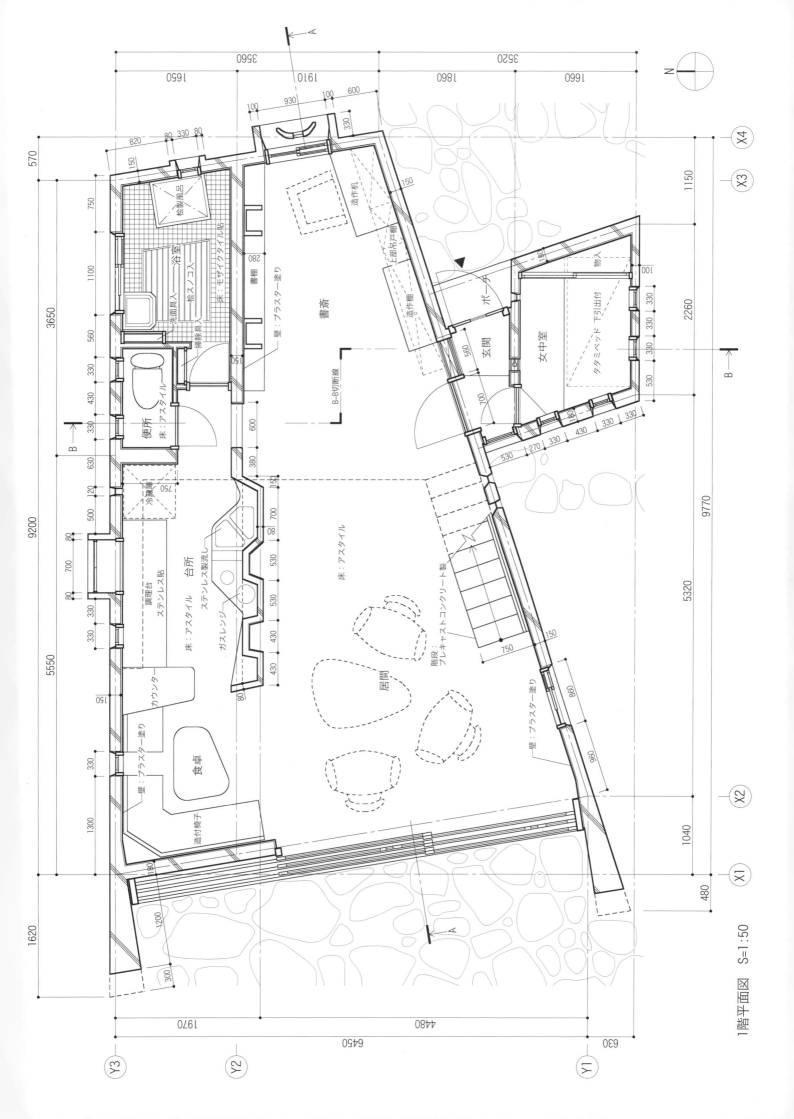

1階平面図　S=1:50

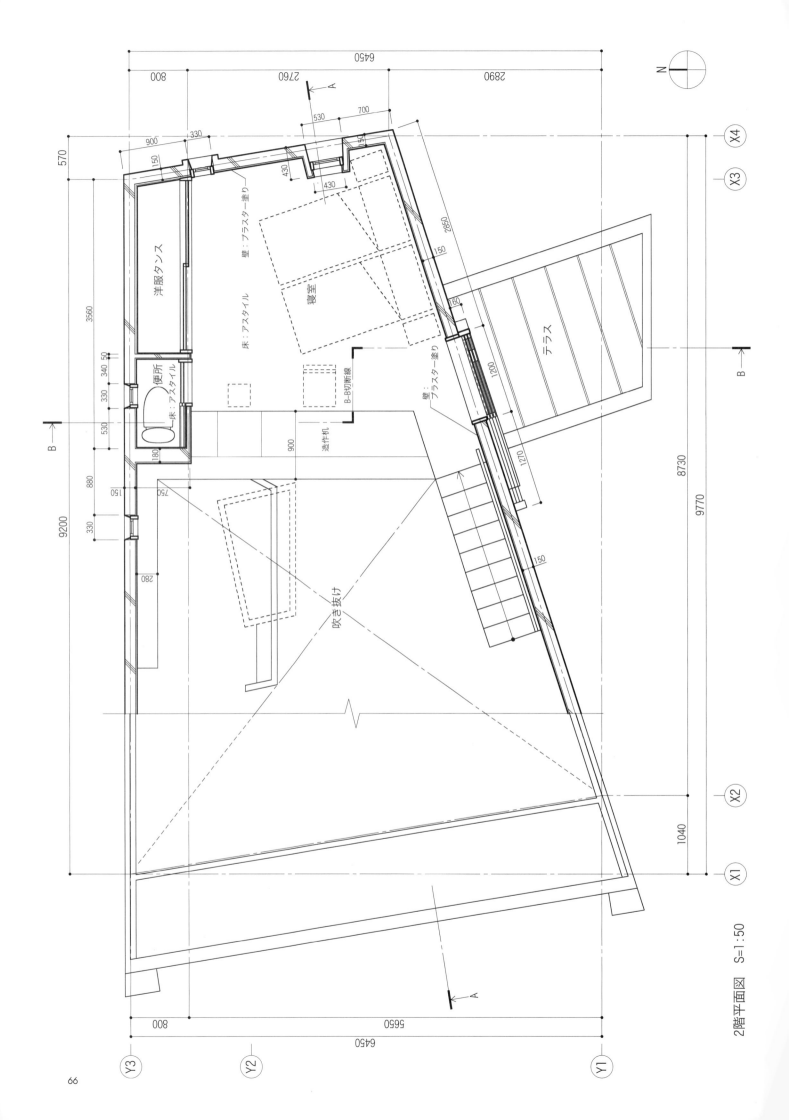

2階平面図　S=1:50

洋服タンス

便所

床：アスタイル　床：アスタイル

壁：プラスター塗り

寝室

壁：プラスター塗り

B-B切断線

造作机

吹き抜け

テラス

66

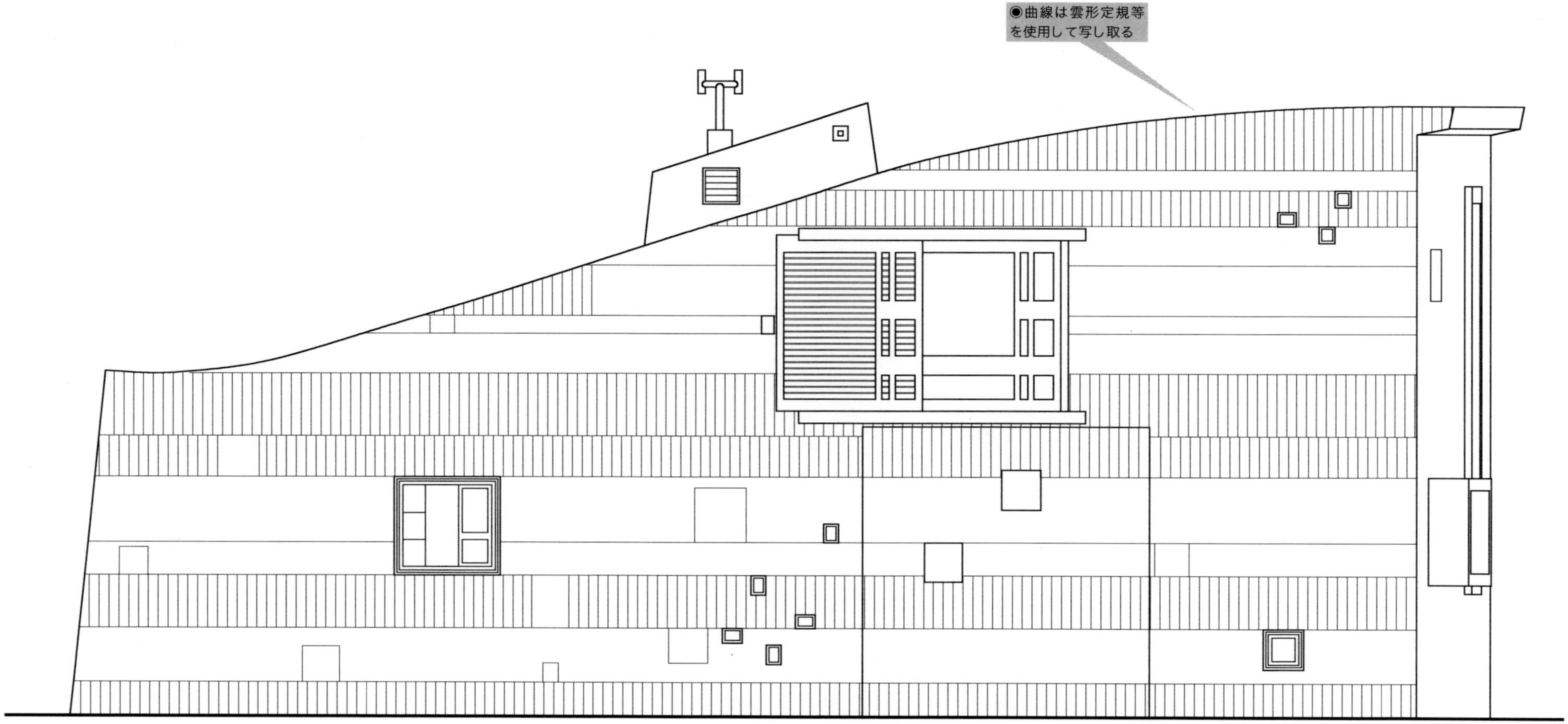

●曲線は雲形定規等
を使用して写し取る

南側立面図　S=1:50

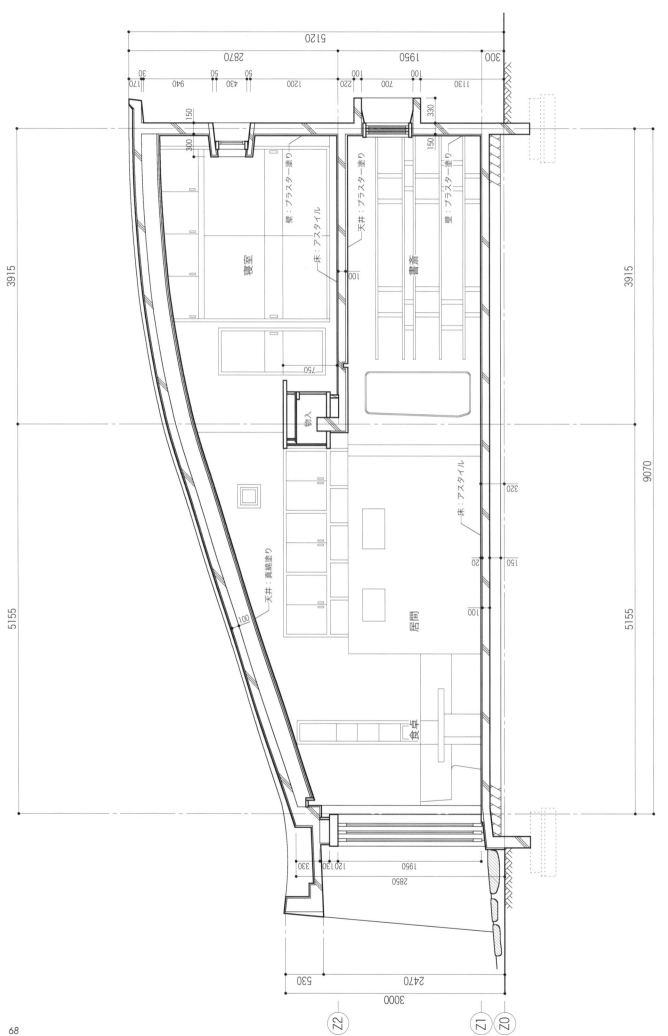

A-A 断面図　S=1：50

modeling◉建築模型をつくる

◉模型材料と用具の用意

○模型材料

模型の素材はスチレンボードを使用するのが一般的です。ただし、用途に応じてバルサやハードボード、プラスチック板等、様々な素材を使用してみてもよいでしょう。スチレンボードには1mmから数mm単位で種類があり、制作する模型の大きさによって、これらを使い分けます。

○接着剤

接着剤は使用する素材によって使い別けます。スチレンボードを接着する際は、「スチのり」や「カネダイン」を使用するとよいでしょう。また、バルサやハードボードには木工用ボンドが、プラスチック板には「セメダイン」等が適しています。接着剤はできるだけ必要最小限の使用に留めることが、模型をきれいに作成するコツです。

○用具

模型を作成する際の基本的な用具は、カッターマット、カッターナイフ、金属製定規（またはデザイン定規）です。カッターナイフの使用は、必ずカッターマットの上で行います。定規も金属製のものか、エッジに金属製のガードが施されたデザイン定規等を使用します。カッターナイフは刃先をこまめに折って、常に鋭い刃先の状態で使用することが、シャープなカッティングを行うコツです。

◉模型の作成

ここでは、「ヴィラ・クゥクゥ」を事例に、S＝1：100で作成する簡単なボリューム模型のつくり方を解説します。

○用意するもの

・1mmのスチレンボード
・3mmのスチレンボード
・スチのり、またはカネダイン
・模型用具一式

○模型用図面の製図

ヴィラ・クゥクゥの各図面をもとに、建物の各面をパーツに分けて、輪郭や窓の位置等を1mmのスチレンボードに製図します。この際、スチレンボードに無駄が出ないよう、できるだけ一箇所にまとめて効率よく製図を行います（**図1a・b**）。

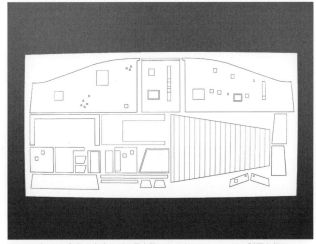

図1a　ボードの無駄が出来るだけ最小限になるように、パーツの製図を行う。

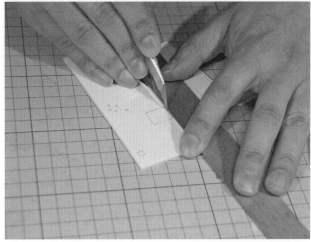

図2　カッターナイフの刃先を先にカットしようとする線に差し込み、後から定規をあてる。開口部のくり貫きは、面倒でも各コーナー部分から刃先を入れて切り出す。

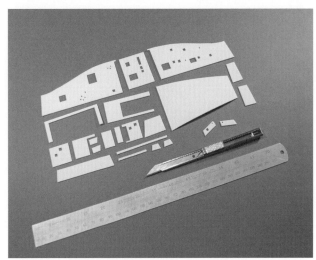

図3　組立は、ある程度のパーツをカットし終わってから行う。

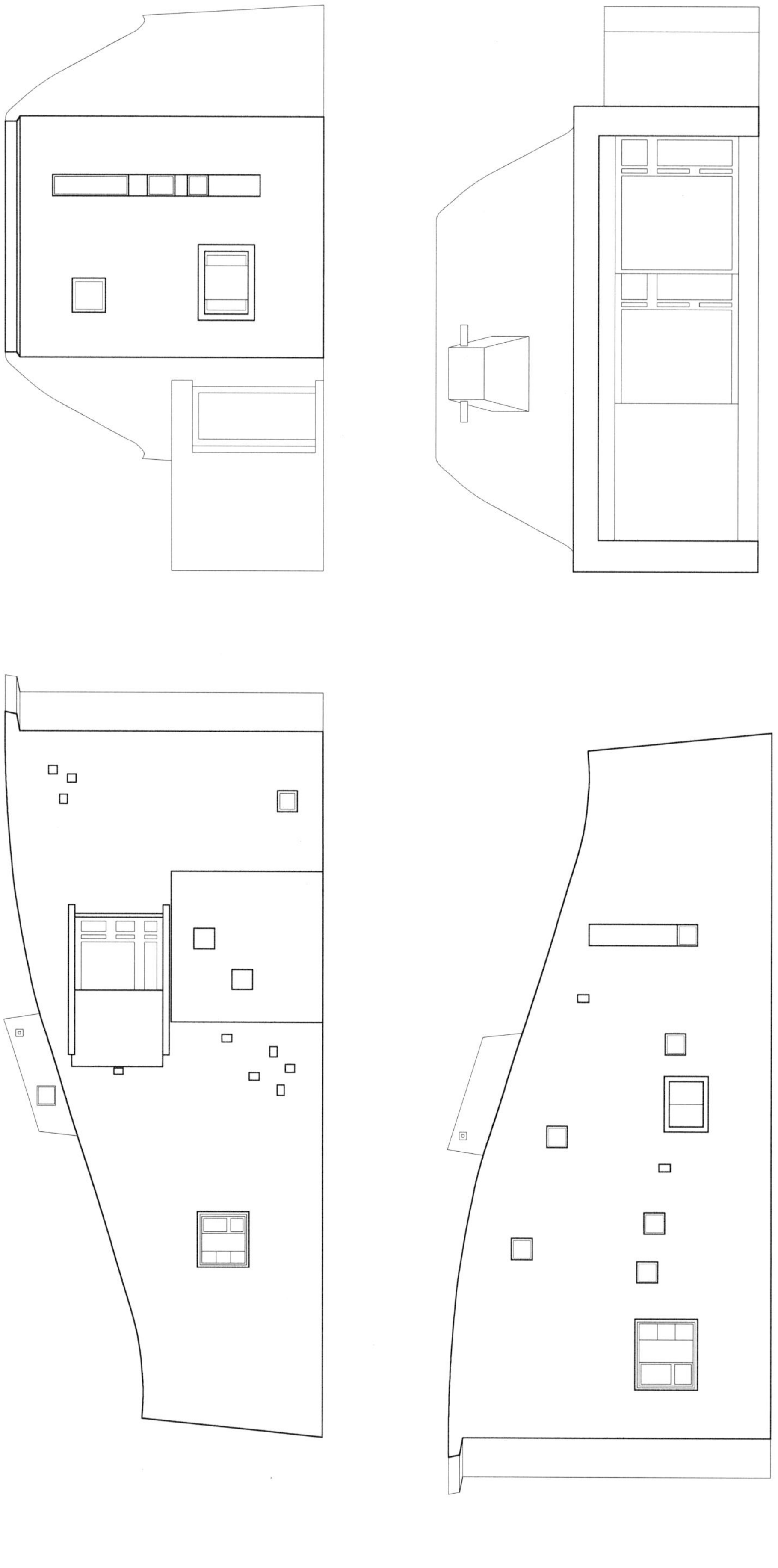

図 1b　1：100 の模型用展開図面

○パーツのカッティング

製図した各パーツを、カッターナイフを使用してカットします（**図2**）。カッティングをする際には、先にカッターナイフをカットしようとする線に差し込み、後から定規をカッターナイフに当てます。こうすることで、カットしようとする線とカッターナイフの位置がずれることなく、カッティングを行うことができます。また、カッティングは一回で切るのではなく、数回に別けて少しずつ刃先を入れるようにします。

開口部等のくり貫きを行う際には、コーナー部を切り過ぎてしまわないよう、面倒でも各コーナー部分から刃先を入れて切り出すようにします。

○パーツの組立

パーツの組立は、各パーツが一通りカッティングされた後に行います（**図3**）。パーツを組立る際には、コーナー部分におけるスチレンボードの厚さを処理してやる必要があります。これには、エッジを45度に斜めにカットする方法、スチレンボードの表面の紙だけを残して、スチレンボードの厚さ分を切り落とす方法などがあります（**図4**）。

パーツの組立は、先に大きなボリュームから組み立て、続いて小さなパーツを付け加えて行きます（**図5**）。

○土台の作成

模型を設置するための土台を作成します。ここでは3mmのスチレンボードを使用して土台を作成しますが、制作する模型の大きさによっては、適宜厚さを調整し、しっかりとした土台になるようにします。

土台には必ず「縁」を付け（**図6**）、裏側も補強をしてやります（**図7**）。こうすることで、後から土台が反ってくることを防ぐことができると共に、安定感のある土台に仕上げることができます。

○仕上げ

土台に模型をしっかりと接着して、出来上がりです。汚れ等がある場合は、練りゴム等で拭い取るとよいでしょう。かすみ草のドライフラワーや市販の模型用樹木を使用して、樹木の表現を加えても構いません。

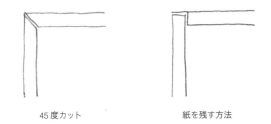

45度カット　　　　　紙を残す方法

図4

図5　大きなパーツから組み立てる。

図6　土台が反らない様に縁を付ける。

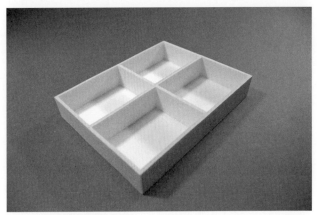

図7　土台の裏側には補強を入れる。

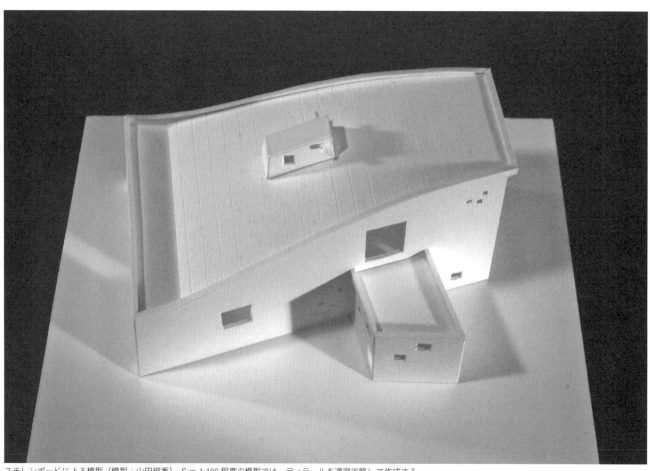

スチレンボードによる模型（模型：山田細香）。S＝1:100程度の模型では、ディテールを適宜省略して作成する。

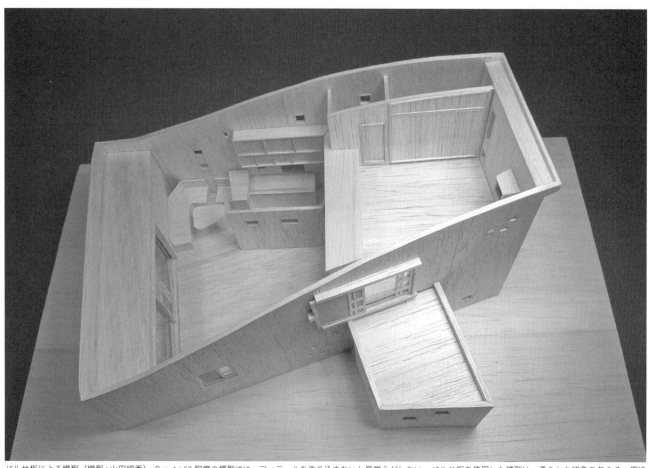

バルサ板による模型（模型：山田細香）。S＝1：50程度の模型では、ディテールを作り込まないと見栄えがしない。バルサ板を使用した模型は、柔らかな印象を与える。用途に応じて使い分けると良い。

撮影：平山忠治

drawing 3 ◉鉄骨造

広 瀬 鎌 二
S H － 1
(1953)

時代背景・建築家紹介

　広瀬鎌二（1922 - 2012）は「SHシリーズ」と呼ばれる鉄骨造住宅で知られた建築家である。学生時代は武蔵工業大学で蔵田周忠に師事し、近代建築の「トロッケンバウ」（乾式組立工法）を学び、徹底して合理主義と無装飾主義を叩き込まれた。卒業後、実務経験を積んだのち1952年に独立している。独立当初は「西京風の家」などの木造住宅を手がけるが、1953年自邸である「SH-1」を発表し、以後、鉄による住宅を作り続けた。

　「SH-1」の誕生した時期は「戦後小住宅」の時代が転換期を迎えた頃にあたる。限られた条件の中で住宅の可能性を探ることに終始した時代から、多様性のある新たな動きが出始めた時期である。1953年の「新建築」誌で清家清、池辺陽らの作品とともに広瀬の「SH-1」は発表され、脚光をあびる。戦後における住宅作家が確立した時である。

　広瀬は木造の力学的なあいまいさやRC造の前時代的な施工法に対する反発もあり、鉄骨造の可能性を追求してい

く。ちょうど朝鮮特需により鉄鋼業の景気が上向いた時期に重なり、広瀬の建築に鉄鋼業界からの期待も集まった。SHシリーズの初期は木造建築の残り香のする作品であったが、フレームと壁の分離、三鉸接ラーメン構造など、徐々に木造にはない鉄骨造としての可能性を広げていく。経済性をはじめ、鉄骨造がもつ合理性を追求する意志はスチールボックスという形式へと至る。しかし、どうしても拭いきれない矛盾、つまり、経済性を追及するうえで「あいまい」にならざるを得ない「施工システム」と力学的な「精度」を求めた「構造システム」のあいだに存在する矛盾に限界を感じ行き詰ってしまう。

　広瀬の好きな建築は浄土寺浄土堂だそうである。規格化された単純な部材を組み合わせた美しい構造の建物である。重源が成し得たあいまいな木造システムによる高い精度の建築に、広瀬は鉄でもって挑んだのかもしれない。

建築解説・製図のポイント

　「SH-1」はスチールフレームによる骨格とその他の素材が間を埋める二重構造でできている。40×40ミリの鉄製アングルを合わせた角柱が等間隔に配置された明快なフレームの中に、壁や家具が軽やかに配置され空間が仕切られている。徹底して合理性を追求したスチールフレームが全体を形作る一方で、内部に使用されている素材は、身体的感覚に訴えかける物質性をもった素材が選択されている。玄関からリビングへといたるシークエンスの展開を導く家具やレンガ壁の配置。細部の意匠にいたるまで建築家の神経は注ぎこまれている。レンガや着色されたブロックは安心感を与える強い境界面として働くと同時に温もりをもって空間を包み込んでいる。屋根のうらに直接張られた天井面は軒に連なり、庭を取り込んで空間に拡がりを与える。サッシにしか見えない極限スケールの柱梁がさらに外部との境界を曖昧にしている。レベル差の無い玄関の床は空間に連続性を持たせ、レンガから木製ブロックへの素材の切り替えが、空間の質に微妙な変化を与えている。

　一見すると単純明快ともとれる住宅であるが、詳細に見たときに見えてくる曖昧さ、複雑さ。ディテールに対するこだわりだけではなく、人の日常の営みをささえる建築空間としての質を追求した名作である。

模型：中村潔建築設計事務所

参考文献：
▶『現代日本建築家全集17 池辺陽,広瀬鎌二』（三一書房、1972）
▶『建築（特集：広瀬鎌二）』（青銅社、1963年8月号）

◉この作品はすでに取り壊されており、現存いたしません。

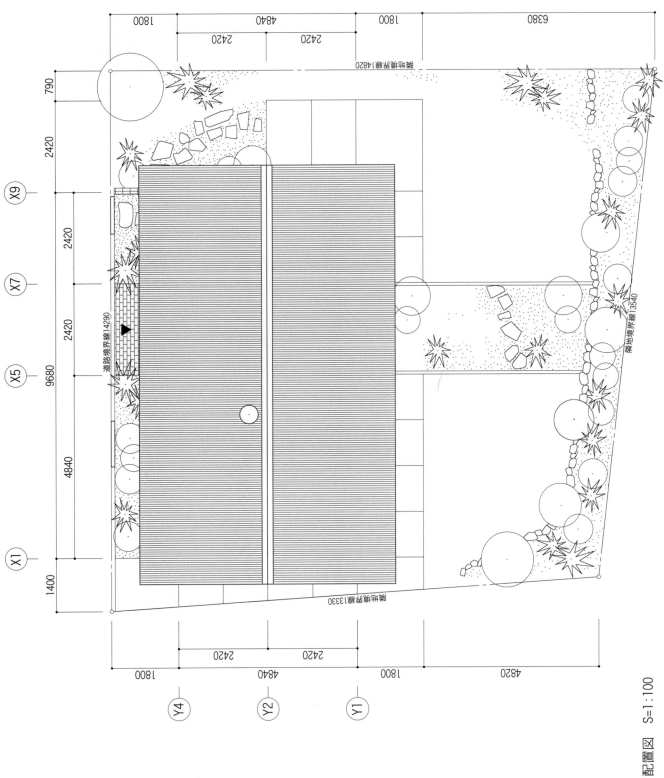

配置図 S=1：100

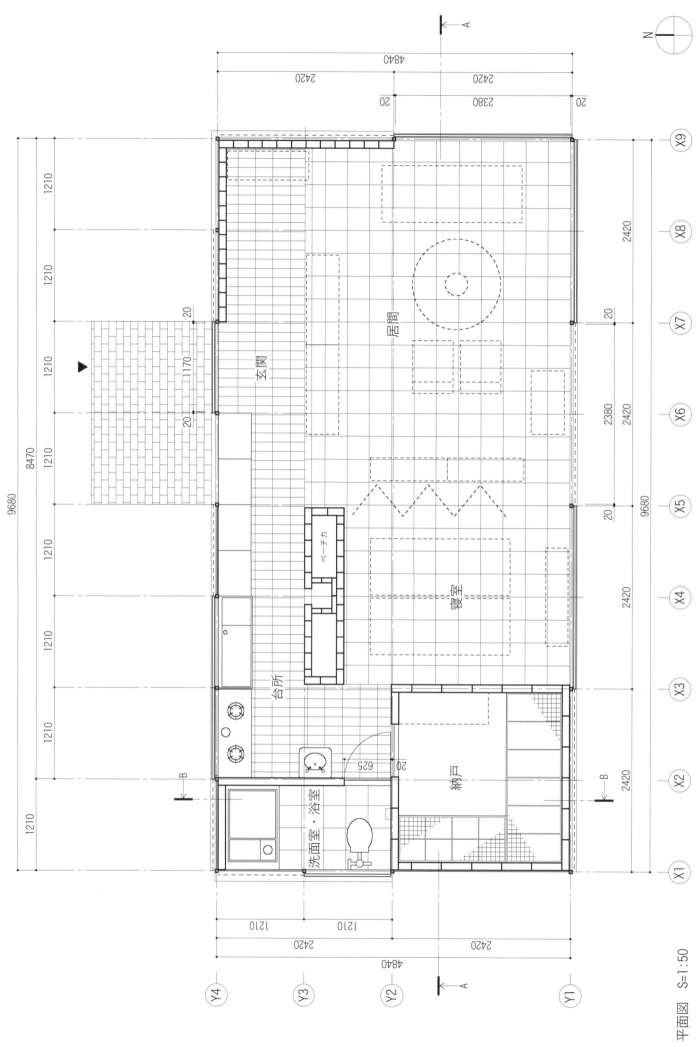

平面図 S=1:50

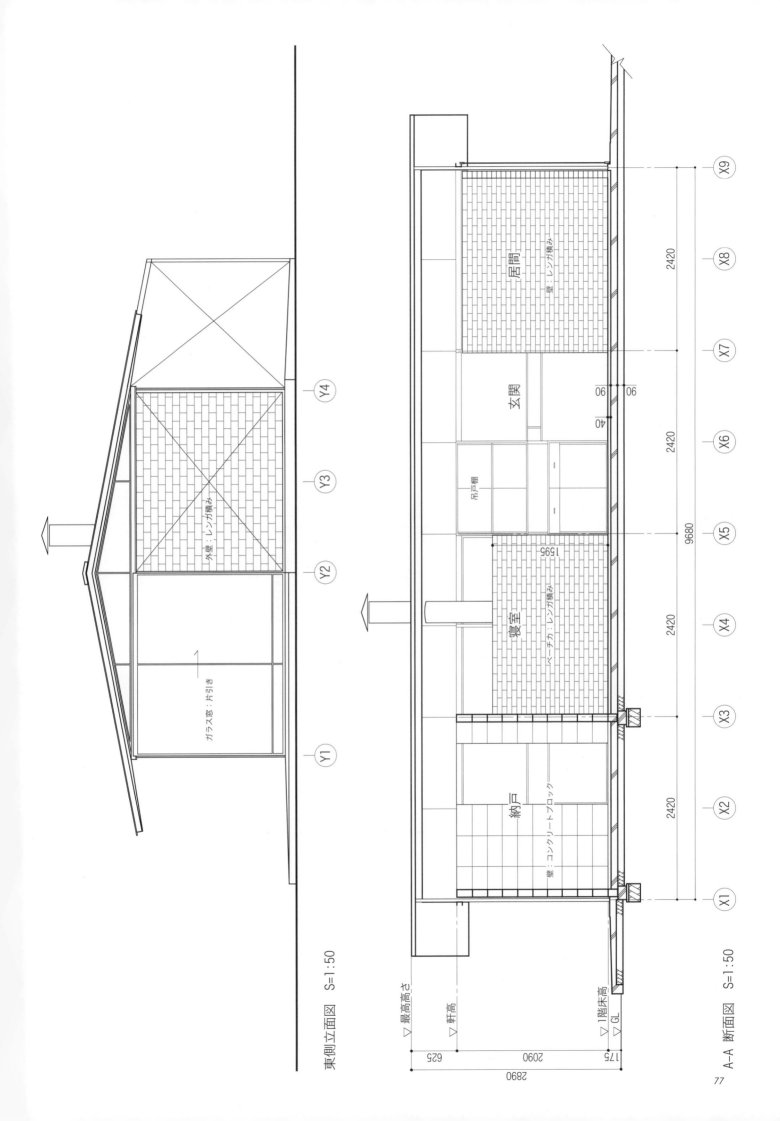

東側立面図　S=1:50

A-A 断面図　S=1:50

ガラス窓：片引き

外壁：レンガ積み

Y1　Y2　Y3　Y4

納戸

壁：コンクリートブロック

寝室

キッチン：レンガ積み

吊戸棚

玄関

居間

壁：レンガ積み

▽ 最高高さ

▽ 軒高

▽ 1階床高
▽ GL

625
2090
175
2890

X1　X2　X3　X4　X5　X6　X7　X8　X9

2420　　2420　2420　2420
9680
1595
40　90　90

77

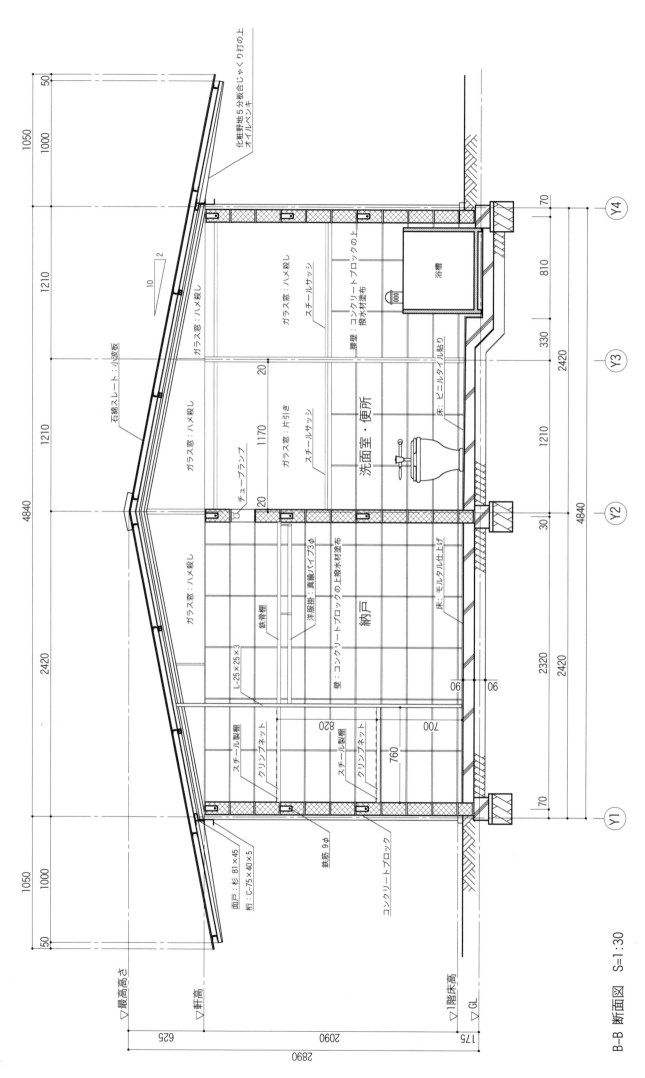

化粧野地5分板合じゃくり打の上
オイルペンキ

石綿スレート：小波板

ガラス窓：ハメ殺し

ガラス窓：ハメ殺し　　ガラス窓：ハメ殺し　　ガラス窓：ハメ殺し

チューブランプ

ガラス窓：片引き
スチールサッシ

ガラス窓：ハメ殺し
スチールサッシ

腰壁：コンクリートブロックの上
撥水材塗布

洗面室・便所

床：ビニールタイル貼り

鉄骨棚

洋服掛：真鍮パイプ3φ

L-25×25×3

壁：コンクリートブロックの上撥水材塗布

納戸

床：モルタル仕上げ

スチール製棚

クリンプネット

鉄筋 9φ

スチール製棚

クリンプネット

コンクリートブロック

面戸：杉 81×45
桁：C-75×40×5

▽最高高さ
▽軒高

▽1階床高
▽GL

50　1050
1000

2420

1210　4840　1210

1210

810

330

2420

1210

30

4840

70

70

90

90

2320
2420

700

760

820

50　1050
1000

Y1　Y2　Y3　Y4

625
2090　2890
175

10
2

20

20

1170

浴槽

B-B 断面図　S=1:30

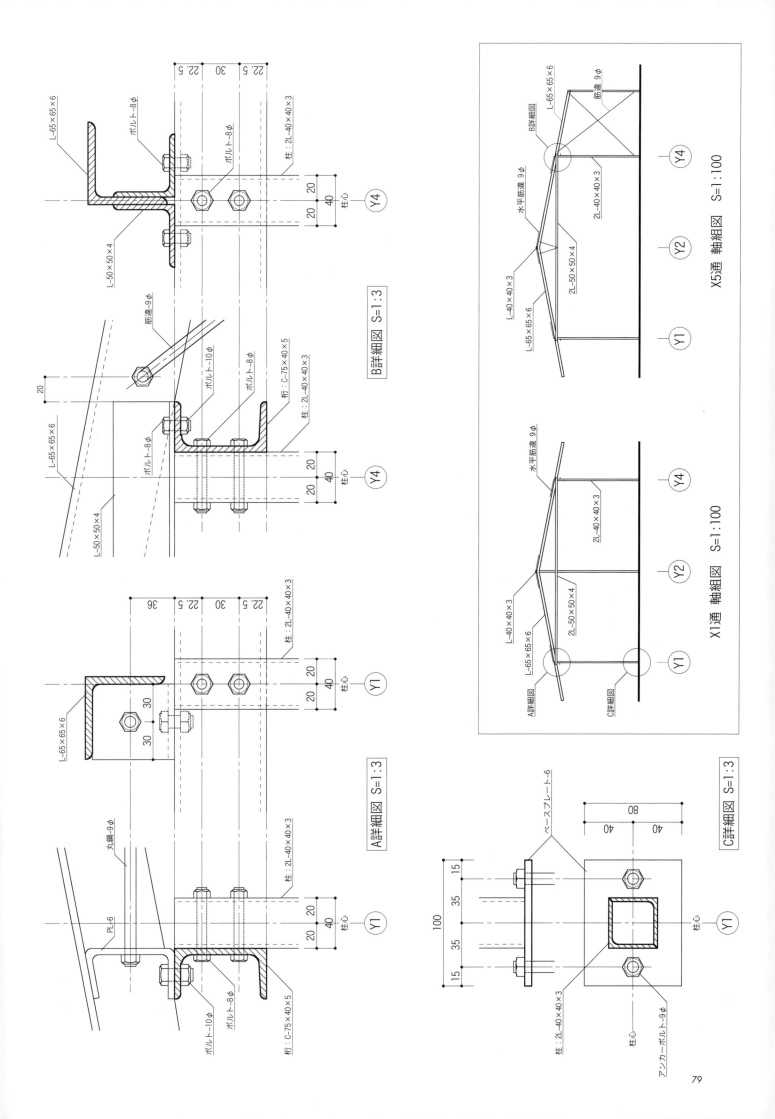

B詳細図 S=1:3

L-65×65×6
ボルト-8φ
ボルト-8φ
柱：2L-40×40×3
22.5
30
22.5
20
20
40
20
柱心
Y4
L-50×50×4

筋違-9φ
ボルト-10φ
ボルト-8φ
桁：C-75×40×5
柱：2L-40×40×3
20
20
40
柱心
Y4
20
L-65×65×6
L-50×50×4

A詳細図 S=1:3

L-65×65×6
柱：2L-40×40×3
36
22.5
30
22.5
20
20
40
30
30
20
20
柱心
Y1

丸鋼-9φ
PL-6
ボルト-10φ
ボルト-8φ
桁：C-75×40×5
柱：2L-40×40×3
20
20
40
柱心
Y1

X5通 軸組図 S=1:100

L-65×65×6
筋違 9φ
B詳細図
水平筋違 9φ
L-40×40×3
2L-40×40×3
L-65×65×6
2L-50×50×4
Y1
Y2
Y4

X1通 軸組図 S=1:100

水平筋違 9φ
L-40×40×3
2L-40×40×3
L-65×65×6
2L-50×50×4
A詳細図
C詳細図
Y1
Y2
Y4

C詳細図 S=1:3

ベースプレート-6
100
15
35
35
15
80
40
40
柱心
Y1
柱：2L-40×40×3
アンカーボルト-9φ

プラスチック板を使用した模型。シャープな印象を与える。用途に応じて使い分けると良い。

撮影：新建築社写真部

drawing 4 ●混構造

吉 村 順 三

軽井沢の山荘

(1962)

時代背景・建築家紹介

　吉村順三（1908-1997）は、小住宅から公共施設まで幅広い建築を手がけた日本建築界の巨匠であり、特に「生活空間の居心地」という建築における根源的価値を多数の実作で示し続けた建築家である。生涯に456件の建築を手がけ、内214件が住宅である。東京美術学校（現東京藝術大学）在学中からアントニン・レーモンド（1888-1976）の事務所に通い、そのまま彼の事務所に入所。1940-1941年、彼の招きでアメリカ・ペンシルバニアに滞在し、帰国直後に事務所を開設。1945年に母校の東京美術学校の助教授に就任。疎開生活を経て1946年に東京に戻り、6畳2間2階建（風呂はドラム缶を改造）の建売住宅を手に入れ、その後6回に渡ってこの家を改修。終戦直後の物質難にも関わらず、断熱材の代わりにおがくずを用いるなど、種々の建築的工夫を施したこの家は、吉村の代表作「南台の家（1957）」でもある。

　吉村の活動にはいくつかの特異点がある。著作はほとんど存在せず「作品自体が感受性に響く」というスタンスを保ってきた。また、「御蔵山の家（1966）」の温水床暖房や、「NCRビル（1962、現・日本財団ビル）」のダブルスキン間の空調排気など、多くの設備提案も行っている。

　さらに吉村は、一貫して「自然の一部としての人間の生活空間」を手がけてきた。吉村の師レーモンドは「モダニズムの白い箱」を超える可能性を「霊南坂の家（1924）」によって示し、その後もモダニズムの造形論理と自然素材の絶妙な調和を実現してきた。この流れは吉村に着実に受け継がれている。モダニズム全盛から停滞の時代における吉村の「自然の一部としての人間の生活空間」は、その後のポストモダン期の作風とも一線を画しており、さらに昨今の「環境共生住宅」を再考する重要な機会をも与えている。

　なお、宮脇檀（1936-1998）は吉村を「生涯の師」と慕い、吉村の遺伝子を受け継ぐ作品・著書を多数遺している。

建築解説・製図のポイント

　吉村は、東京美術学校在学中から京都の書院や茶室を実測し、「居心地の良い空間」に潜むプロポーションや寸法の感覚を磨いてきた。「軽井沢の山荘（1962）」においてもその実力は遺憾なく発揮され、この小さな山荘が森の中に佇む姿はこの上なく美しく、彼自身が語っているように「なにかわくわくするような楽しいもの」を持っている。2階に設えられた大きな開口部からは、周囲の自然が建築の内部空間に引き込まれ、室内の狭さを決して感じさせない。居間を中心に、屋根裏や1階に降りる階段室に対して、水平引き戸や引き上げ式の障子などで任意に間仕切りが出来るようになっており、自然との多様な関係を楽しむことができる。張り出した木造の2階部分を支えるために、1階には壁式コンクリート造による躯体が選択され、コアとしての階段室が注意深く配置されている。出入り口は一つに集約され、別荘としての堅牢性と防犯性を確保するとともに、一つのフロアファーネスで家中の暖房が可能となっている。また、2階外壁は亜鉛鉄板下地を杉板で挟み込み、断熱・防湿のための絶縁（インシュレーション）を実現している。意匠・構造・設備が一体となった合理的で人間的な空間が、この山荘には構成されている。

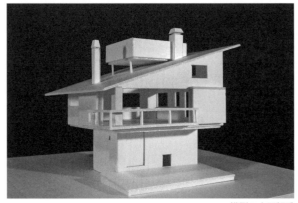

模型：山田細香

参考文献：
▶「JA59 AUTUMN, 2005 季刊」（新建築社、2005）
▶20世紀建築研究編集委員会編『20世紀建築研究』（INAX出版、1998）
▶吉村順三『小さな森の家　軽井沢山荘物語』（建築資料研究社、1996）
▶吉村順三・宮脇檀『吉村順三のディテール　住宅を矩計で考える』（彰国社、1979）
▶吉村順三『吉村順三作品集 1941-1978』（株式会社新建築社、1978）
▶栗田勇監修『現代日本建築家全集 8　吉村順三』（三一書房、1972）

◉掲載している作品の図面は、すべて、雑誌・書籍等に公開された情報をもとに、CADで起こしなおしをしたものです。

駐車スペース

ユーティリティ

玄関

テラス

配置図　S=1:200

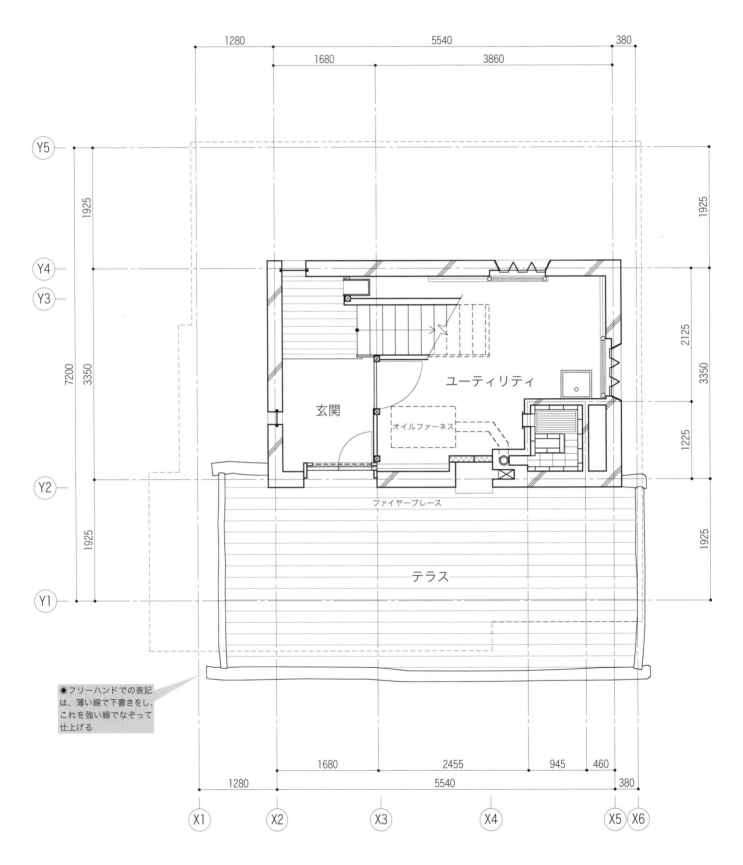

1280　5540　380

1680　3860

Y5

1925

Y4

Y3

2125

7200　3350

3350

ユーティリティ

玄関

1225

オイルファーネス

Y2

ファイヤープレース

1925

1925

テラス

●フリーハンドでの表記
は、薄い線で下書きをし、
これを強い線でなぞって
仕上げる

1680　2455　945　460

1280　5540　380

X1　X2　X3　X4　X5 X6

1階平面図　S=1:60

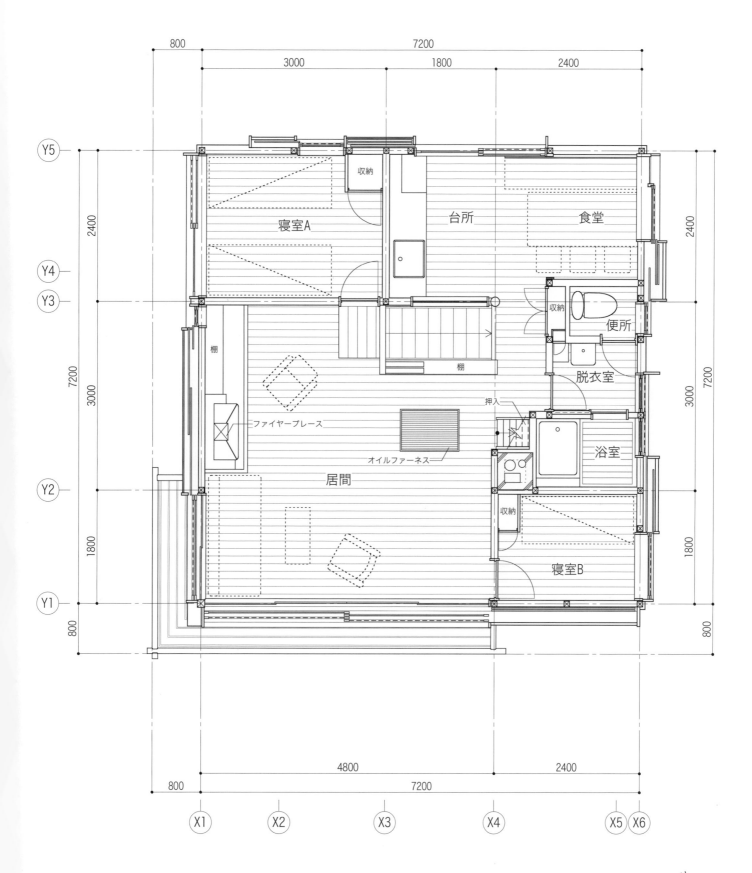

800　　　　　　　7200
3000　　　　1800　　　2400

Y5

2400

寝室A　　　　　収納　　　台所　　　　食堂

Y4

Y3

棚　　　　　　　　　　　　　　　　　　　収納　便所

7200　3000

ファイヤープレース　　　　　　　　　押入　　脱衣室

オイルファーネス　　　　　　　　　浴室

居間

Y2

収納

1800

寝室B

Y1

800

800　　　　　4800　　　　　　2400
7200

X1　　X2　　　X3　　　X4　　　X5 X6

2階平面図　S=1:60

（Y5）　（Y4）　　　（Y2）　（Y1）

西側立面図　S＝1:100

南側立面図　S=1:100

➡矩計図は巻末折図参照

2 階内観
（撮影：下村純一）

1 階外観
（撮影：下村純一）

撮影：下村純一

drawing 5 ●木造

前　川　國　男
自　邸
(1942)

時代背景・建築家紹介

　前川國男（1905-1986）は、20世紀の日本建築界にあって、最も重要な先駆的建築家の一人である。実に6回にも及ぶ日本建築学会賞作品賞受賞をはじめ、第一回日本建築学会賞大賞（1968）など、多くの賞を受賞する。また、日本建築家協会会長（1959-1962）等の要職をも歴任する。前川の事務所からは、丹下健三をはじめとする、多くの重要な建築家、構造家、研究者が育っている。

　1928年の東京帝国大学卒業式のその夜、東京を発ってパリにあるル・コルビュジエのアトリエへ向かった前川は、その後の2年間をここで過ごす事となる。この間、CIAM第2回大会に提出するための「最小限住宅」計画案を担当するなど、モダニズムの最前線の思想を学んだ。帰国後は、独立までの5年間をレーモンドの事務所で過ごし、実務に不可欠な技術と知識を学ぶ。1935年に独立するも、間も無く戦時下における資材統制がしかれ、敗戦までに実現した作品は多くはない。しかし、この時期に手がけた数々の設計競技では、自身が培ってきたモダニズムの方法論を様々な計画において試みており、以降の前川の活動に対する礎を築いたと言える。

　建築家としての本格的な活動は、戦後の住宅難対策として設計した「プレモス（1946-1951）」に始まる。また1950年に資材統制が解除されると、鉄筋コンクリートの使用と建築の技術的側面への重要性について「テクニカル・アプローチ」という言葉を用いて言論するようになり、1960年代には、焼き物の伝統を生かした「打込みタイル構法」を考案するなどした。一貫して、建築の仕様や技術に関する取り組みを重視する設計を行なうと共に、戦後の日本におけるモダニズムの拡張と、日本独自の建築の在り方を模索し続けた。これらの蓄積は、代表作の一つである「東京文化会館（1961）」に顕著化されていると言ってよい。

建築解説・製図のポイント

　前川の結婚を機に1942年に建てられた自邸は、戦時下の資材統制規約により、木造で延べ床30坪という制限を受けて計画された。瓦葺き切妻屋根といった日本の伝統的民家を範とする一方で、軒先の破風板は頂部にかけて先細りにデザインされている。これにより、伝統的要素をモダニズム的な洗練へと導くと同時に、合掌屋根の視覚的緩衝が図られている。また内部には、中央に吹抜けの居間と食堂の一室空間を設け、その両脇に個室が配置されている。北正面の2階には、柱間壁二つ分の出窓があり、陽光を書斎にもたらしている。中央吹抜けの南正面開口部は、北正面の2倍の高さまで開かれ、格子くり型が上部に、ガラス引き戸が下部に配されており、伝統的感覚の中にも明るく大らかな空間が作り出されている。この住宅には、ル・コルビュジエから学んだモダニズムの空間構成と、レーモンドから学び、かつ、戦時下に理解を深めた日本の伝統的要素が調和し、初期前川のモダニズム思想が結実した作品である。

　敗戦の年である1945年、前川は戦火をまぬがれたこの自邸に自身の事務所所員を集め、戦後の活動を再開する。木造の組立住宅「プレモス」の開発はここで行われた。1973年に前川の自邸は鉄筋コンクリート造に建て直されるが、旧前川自邸の部材は解体保存され、前川没後の1998年、「江戸東京たてもの園」に移築復元されて、現在公開中である。

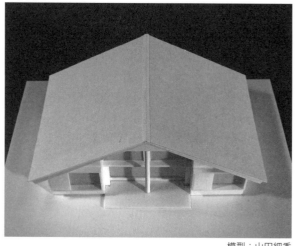

模型：山田細香

参考文献：
▶生誕100年前川國男建築展実行委員会『建築家 前川國男の仕事』（美術出版社、2006）
▶黒田智子編『近代日本の作家たち──建築をめぐる空間表現』（学芸出版社、2006）
▶「建築20世紀 PART2」（新建築社、1991）
▶宮内嘉久編『前川國男作品集 建築の方法Ⅱ』（美術出版社、1990）

●ここでは、前川建築設計事務所提供によるオリジナル図面を基に作図を行った。ただし、移築された建物の現状と、本書に示した設計図との間には相違する箇所があるが、本書ではオリジナル図面に従うこととした。

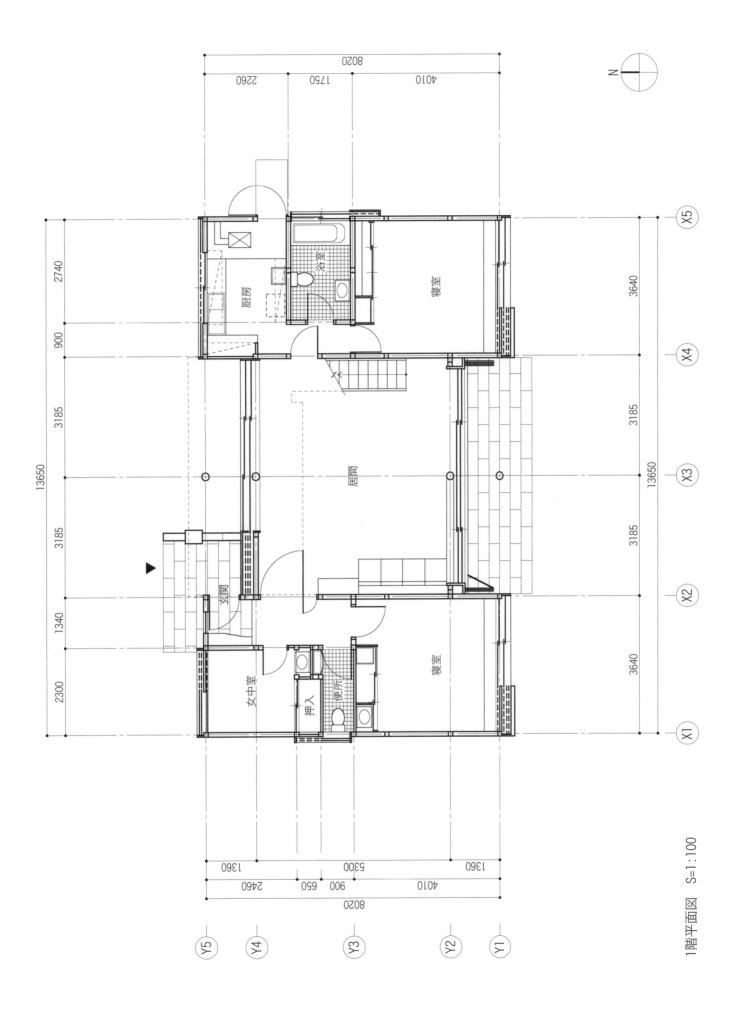

1階平面図　S=1:100

91

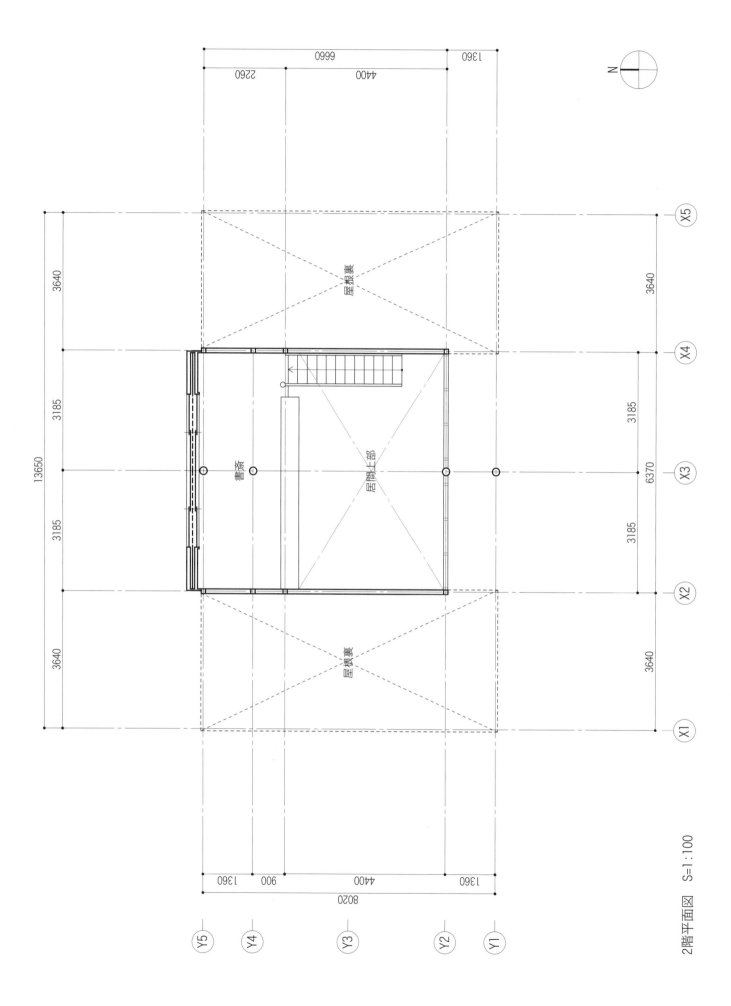

2階平面図　S=1：100

書斎

居間上部

屋根裏

屋根裏

N

13650
3640
3185
3185
3640

6660
2260
4400
1360

6370
3185
3185
3640
3640

8020
1360
900
4400
1360

X5
X4
X3
X2
X1

Y5
Y4
Y3
Y2
Y1

92

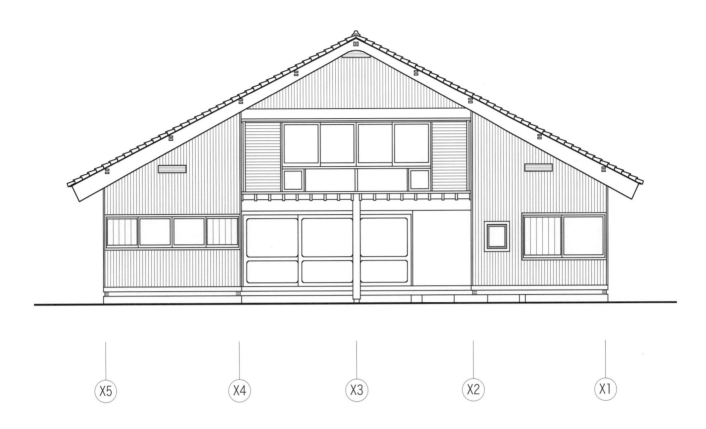

北側立面図　S=1:100

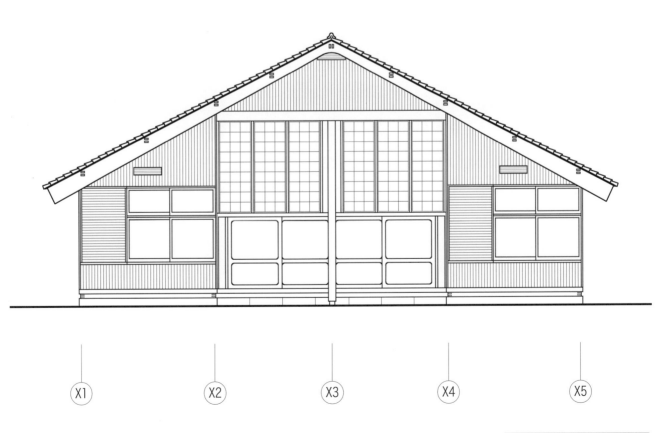

南側立面図　S=1:100

➡矩計図は巻末折図参照

1階（撮影：下村純一）

1階（撮影：吉村行雄）

■編著者
藤木庸介（ふじき・ようすけ）
滋賀県立大学人間文化学部生活デザイン学科 教授
遊工舎一級建築士事務所 主宰
一級建築士・博士（工学）
担当：はじめに、製図の基本、白の家、浦邸、ヴィラ・クゥクゥ、
前川國男自邸。本書すべての構成・編集

■執筆者
中村 潔（なかむら・きよし）
京都工芸繊維大学大学院工芸科学研究科 助教
中村潔建築設計事務所 主宰
建築家・一級建築士
担当：SH-1、同模型

林田大作（はやしだ・だいさく）
大阪工業大学工学部建築学科 准教授
博士（工学）・福祉住環境コーディネーター2級
担当：軽井沢の山荘

村辻水音（むらつじ・みね）
元 中央工学校 OSAKA 建築系専任教員
二級建築士・修士
担当：前川國男自邸

山田細香（やまだ・ほそか）
構造設計事務所 勤務
一級建築士・修士
担当：白の家、浦邸、ヴィラ・クゥクゥ。すべての CAD 図面の
調整・統一・修正。SH-1 をのぞくすべての模型

■図面・模型製作協力
田中謙行（中村潔建築設計事務所）
寺澤麻美（中村潔建築設計事務所）
柏原 誉（本多環境・建築設計事務所）
北山めぐみ（遊工舎一級建築士事務所）
　（所属は旧版発行当時）

■写真撮影・提供
村井 修
北田英治
平山忠治
新建築社写真部
下村純一
吉村行雄
　（掲載順）

■協力
奥山信一（東京工業大学）
齊藤祐子（サイト一級建築士事務所）
三宅豊彦（U研究室）
広瀬鎌二（広瀬鎌二建築設計事務所）
吉村隆子（吉村設計事務所）
江川 徹（前川建築設計事務所）
松隈 洋（京都工芸繊維大学）
矢ヶ崎善太郎（京都工芸繊維大学）
　（掲載順、所属は旧版発行当時）

旧版情報
名作住宅で学ぶ建築製図
2008年　第1版第1刷
2018年　第1版第9刷

改訂版 名作住宅で学ぶ建築製図

2020年 11月 20日　第1版第1刷発行
2022年 8月 20日　第1版第2刷発行

編 著 者　藤木庸介
　　　　　執筆者：中村潔・林田大作・村辻水音・山田細香

発 行 者　井口夏実

発 行 所　株式会社学芸出版社
　　　　　京都市下京区木津屋橋通西洞院東入
　　　　　〒600-8216　電話 075・343・0811
　　　　　http://www.gakugei-pub.jp
　　　　　info@gakugei-pub.jp

編集担当　知念靖廣

　　　　　イチダ写真製版／山崎紙工
　　　　　装丁：KOTO DESIGN Inc. 山本剛史

© Yosuke FUJIKI 他 2020
ISBN978-4-7615-2756-3　　Printed in Japan

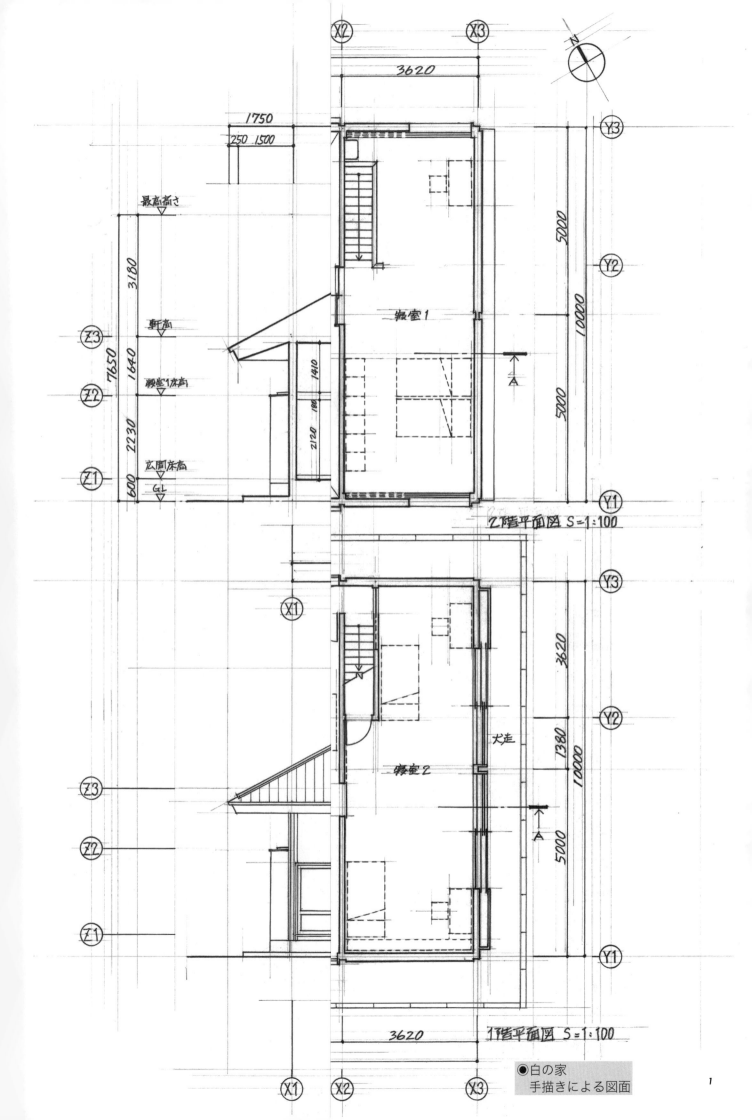

X2　X3

3620

1750

250　1500

N

Y3

3620

5000

Y2

10000

最高高さ ▽

3180

5000

Z3　軒高

1640

寝室1

A

寝室1床高 ▽

7650

2120　1890　1410

2230

Z2

Z1　広間床高 ▽
600　GL ▽

Y1

2階平面図 S=1:100

X1

Y3

3620

Y2

犬走

1380

10000

Z3

寝室2

A

5000

Z2

Z1

Y1

3620

1階平面図 S=1:100

X1　X2　X3

●白の家
手描きによる図面

1

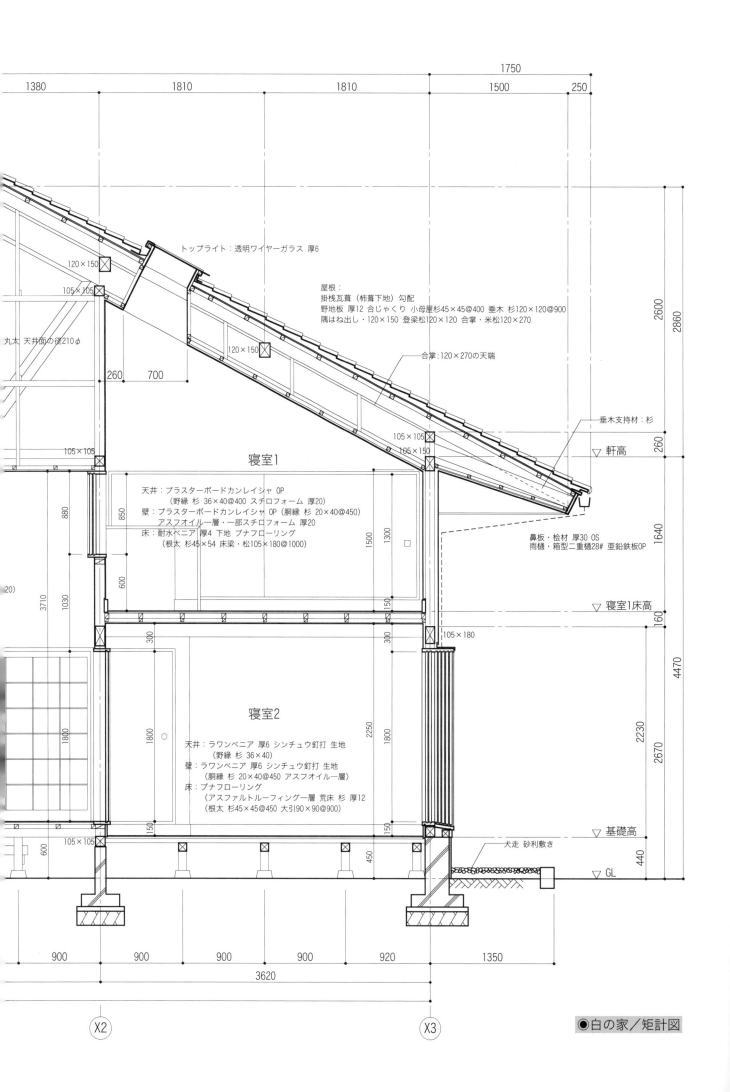

トップライト：透明ワイヤーガラス 厚6

屋根：
掛桟瓦葺（柿葺下地）勾配
野地板 厚12 合じゃくり 小母屋杉45×45@400 垂木 杉120×120@900
隅はね出し・120×150 登梁松120×120 合掌・米松120×270

合掌：120×270の天端

120×150

105×105

丸太 天井面の径210φ

120×150

105×105

寝室1

天井：プラスターボードカンレイシャ OP
（野縁 杉 36×40@400 スチロフォーム 厚20）
壁：プラスターボードカンレイシャ OP（胴縁 杉 20×40@450）
アスフオイル一層・一部スチロフォーム 厚20
床：耐水ベニア 厚4 下地 ブナフローリング
（根太 杉45×54 床梁・松105×180@1000）

105×105

105×150

垂木支持材：杉

軒高

鼻板・桧材 厚30 OS
雨樋・箱型二重樋28# 亜鉛鉄板OP

寝室1床高

105×180

寝室2

天井：ラワンベニア 厚6 シンチュウ釘打 生地
（野縁 杉 36×40）
壁：ラワンベニア 厚6 シンチュウ釘打 生地
（胴縁 杉 20×40@450 アスフオイル一層）
床：ブナフローリング
（アスファルトルーフィング一層 荒床 杉 厚12
（根太 杉45×45@450 大引90×90@900）

犬走 砂利敷き

基礎高

105×105

GL

2600
2860
260
1640
160
4470
2230
2670
440

1750
1380
1810
1810
1500
250

260 700
850
880
600
3710
1030
300
1500
1300
300
150
150
2250
1800
1800
600
450
150

900 900 900 900 920 1350
3620

X2

X3

●白の家／矩計図